- Parcours de tableaux
- Calcul de moyennes avec contrôle d'erreurs

5. Tableaux et Pointeurs (3 heures)

- Tableaux unidimensionnels et multidimensionnels
- Introduction aux pointeurs :
  - Déclaration et utilisation
  - Manipulation de la mémoire
- Relation entre tableaux et pointeurs
- Exercices pratiques :
  - Manipulation d'un tableau de notes
  - Allocation dynamique de mémoire

6. Programmation Orientée Objet (6 heures)

- Concepts de base :
  - Classes et objets
  - Attributs et méthodes
- Encapsulation, héritage et polymorphisme
- Constructeurs et destructeurs
- Gestion des erreurs avec les exceptions
- Exercices pratiques :
  - Création d'une classe "Étudiant"
  - Simuler un système de gestion de bibliothèques

7. Gestion des Fichiers (2 heures)

- Lecture et écriture dans des fichiers :
  - Fichiers texte
  - Fichiers binaires
- Flux d'entrée et de sortie (`ifstream`, `ofstream`)
- Exercices pratiques :
  - Sauvegarder des données utilisateur dans un fichier
  - Charger une configuration à partir d'un fichier

8. Introduction aux Algorithmes et Structures de Données (4 heures)

- Algorithmes de tri :
  - Tri par sélection
  - Tri par insertion
- Recherche dans les tableaux

  - Recherche linéaire
  - Recherche dichotomique
- Structures de données simples :
  - Listes
  - Piles
  - Files

Annexes

- Glossaire des termes clés
- Résumé des concepts de base en C++
- QCM pour évaluer les connaissances :
  - Niveau débutant, intermédiaire et avancé
- Corrections détaillées des exercices
- Ressources supplémentaires pour approfondir

Erick Mormin : Un Parcours Entre Technologie et Culture

Erick Mormin est un auteur et entrepreneur passionné par la technologie, la culture et l'écriture. Né à Fort-de-France en Martinique, il a tracé un parcours singulier qui l'a mené de l'informatique à la littérature, en passant par une réflexion interculturelle. Son travail en informatique, combiné à son amour pour les arts et la culture, témoigne de son engagement à explorer les intersections entre l'innovation numérique et les valeurs humaines.

Engagement en Technologie et Formation

Dès ses études en France, Erick Mormin s'oriente vers l'informatique, domaine dans lequel il obtient un Diplôme Universitaire. Fort de son expérience dans les Entreprises de Services du Numérique (ESN) à Paris, il se spécialise dans le développement logiciel et la gestion de systèmes. Aujourd'hui, il dirige EKM Conseils - ekm972 / ekm Store, une entreprise axée sur l'optimisation de la chaîne d'approvisionnement logicielle et la transformation numérique des entreprises, avec une expertise en DevOps.

Une Approche Humaine et Interdisciplinaire

Outre son activité professionnelle, Erick Mormin est également un écrivain et un passionné de musique. Ses romans explorent des thèmes d'identité et de connexion, cherchant à comprendre les dynamiques culturelles qui nous rassemblent. Il a également développé une passion pour le violon et l'apprentissage musical, contribuant ainsi à enrichir son approche créative et sa compréhension de la complexité artistique.

Introduction à la Programmation en C++

Durée estimée : 20 à 25 heures

---

1. Introduction au C++ (2 heures)

- Origines et évolution du C++
- Importance de C++ :
  - Dans les systèmes embarqués
  - Dans le développement de jeux vidéo
  - Dans les applications à hautes performances
- Comparaison avec d'autres langages (Python, Java, C)

---

2. Variables, Types de Données et Entrées/Sorties (3 heures)

- Types de données en C++ :
  - Primitifs (`int`, `float`, `char`, `bool`, etc.)
  - Définis par l'utilisateur (`struct`)
- Déclaration et initialisation des variables
  - Comparaison entre Python et C++
- Entrées et sorties avec `cin` et `cout`
  - Lecture et affichage de données
  - Gestion des erreurs et du buffer

---

3. Opérateurs et Expressions (2 heures)

- Opérateurs arithmétiques (+, -, *, /, %)
- Opérateurs relationnels et logiques
- Priorité et associativité des opérateurs
- Conversion de types (casting implicite et explicite)
- Exercices pratiques :
  - Calculatrice
  - Vérification de la parité d'un nombre

---

4. Structures de Contrôle (3 heures)

- Conditions : `if`, `else if`, `else`
- Boucles :
  - `for`, `while`, et `do-while`
  - Utilisation des boucles imbriquées
- Instructions de contrôle (`break`, `continue`)
- Exercices pratiques :

Erick MORMIN

Introduction à la Programmation en C++

SUPPORT PEDAGOGIQUE

Préface

L'évolution technologique rapide de notre époque a fait de la programmation une compétence indispensable, non seulement pour les informaticiens mais aussi pour toute personne souhaitant comprendre et interagir avec le monde numérique qui nous entoure. Introduction à la Programmation en C++ se veut une passerelle vers cette compréhension, un guide structuré pour les novices et les curieux, ouvrant la voie à la maîtrise de concepts fondamentaux tout en explorant la puissance d'un langage versatile et performant.

Dans cet ouvrage, j'ai souhaité proposer un parcours clair et accessible, permettant aux étudiants et aux professionnels de découvrir les fondements de la programmation en C++, des variables aux structures de contrôle, en passant par les classes, les objets, et les pointeurs. Le C++ est un langage qui conjugue précision, efficacité et portabilité, ce qui en fait un choix privilégié dans des domaines tels que les systèmes embarqués, le développement de jeux, et les applications à haute performance.

En tant qu'auteur, entrepreneur et passionné de technologie, j'ai puisé dans mon expérience pour structurer un contenu qui allie théorie et pratique, avec des exercices conçus pour renforcer les compétences de chacun. L'organisation en modules progressifs permet d'aborder chaque thème avec profondeur tout en maintenant un rythme adapté aux différents niveaux d'apprenants.

À travers ces pages, j'espère encourager un apprentissage dynamique et inspirant, en montrant que la programmation n'est pas seulement un outil, mais aussi une invitation à réfléchir et à créer. Chaque concept présenté est étayé par des exemples concrets et des applications pratiques, rendant l'expérience d'apprentissage aussi enrichissante qu'accessible.

Je vous invite à explorer cet ouvrage avec curiosité et enthousiasme, convaincu que le C++ est une porte d'entrée vers un monde d'innombrables possibilités, tant sur le plan technique que créatif.

Erick Mormin
Cergy, Décembre 2024.

1. Introduction au C++ (2 heures)

Aperçu du C++ : Origines, Évolution et Importance

Origines et Évolution du C++

Le langage C++ a été créé au début des années 1980 par Bjarne Stroustrup, chercheur en informatique. Il a développé C++ comme une extension du langage C, ajoutant des fonctionnalités de programmation orientée objet (POO) pour permettre une gestion plus structurée et modulaire du code. Depuis sa création, C++ a connu de nombreuses évolutions, avec plusieurs standards publiés pour intégrer des fonctionnalités modernes tout en optimisant les performances. Parmi les plus importants, on retrouve C++98, C++11, C++14, C++17, C++20, et le récent C++23.

Chaque nouvelle version a ajouté des fonctionnalités, telles que les expressions lambda, les pointeurs intelligents (`smart pointers`), les bibliothèques de concurrence (`concurrency`), et une meilleure gestion de la mémoire, renforçant C++ comme un langage polyvalent pour divers domaines d'application.

Importance de C++ dans les Systèmes Embarqués

Les systèmes embarqués sont des systèmes informatiques intégrés dans des appareils ou des machines, tels que les équipements médicaux, les systèmes de navigation, les systèmes de contrôle industriels, et les télécommunications. Ces systèmes nécessitent des performances élevées, un accès direct au matériel, et une gestion précise de la mémoire – des domaines où C++ excelle.

Le langage C++ est souvent privilégié pour le développement de systèmes embarqués en raison de ses fonctionnalités telles que :
1. Efficacité et Performance : Grâce à la gestion de la mémoire manuelle, C++ permet un contrôle optimal des ressources matérielles, garantissant des performances optimales.
2. Accessibilité de Bas Niveau : Avec C++, les programmeurs peuvent manipuler les adresses mémoire et utiliser des pointeurs, ce qui est essentiel pour les interactions directes avec le matériel.
3. Modularité et Réutilisabilité : La programmation orientée objet permet de structurer le code de façon modulaire, facilitant la maintenance et la réutilisation dans des systèmes souvent complexes.

Importance de C++ dans le Développement de Jeux Vidéo

Le développement de jeux vidéo est l'un des domaines où les capacités de C++ sont les plus exploitées, en particulier pour les jeux nécessitant des graphismes riches et des temps de réponse en temps réel. De nombreux moteurs de jeux, tels qu'Unreal Engine, sont écrits en C++ pour les raisons suivantes :
1. Contrôle des Performances : Le rendu graphique et les calculs de physique dans les jeux requièrent un contrôle précis des ressources matérielles et de la mémoire. C++ permet de maximiser l'efficacité de ces opérations.
2. Gestion de la Concurrence : Les jeux modernes impliquent souvent des processus multiples (graphismes, intelligence artificielle, physique, etc.). C++ offre des bibliothèques de concurrence permettant de gérer efficacement ces processus en parallèle.
3. Interopérabilité et Extensions : C++ permet d'intégrer et de combiner facilement d'autres bibliothèques et extensions, facilitant la création de fonctionnalités avancées.

Importance de C++ dans les Applications à Hautes Performances

Les applications à hautes performances, telles que les logiciels financiers, les simulations scientifiques, et les applications de traitement de données en temps réel, nécessitent une exécution rapide et fiable. C++ est souvent choisi pour ces applications grâce à :
1. Optimisation des Calculs : La possibilité de contrôler la mémoire et d'optimiser les ressources permet de gérer efficacement de grands volumes de données et de réaliser des calculs intensifs.
2. Portabilité : Les applications écrites en C++ sont généralement portables, pouvant être compilées sur différentes plateformes sans modifications majeures.
3. Stabilité et Fiabilité : Le contrôle bas niveau du matériel et la gestion manuelle de la mémoire garantissent une stabilité qui est cruciale pour les applications sensibles.
En somme, C++ reste l'un des langages de choix pour les projets nécessitant un contrôle précis de la mémoire et une performance maximale, que ce soit pour des systèmes embarqués, le développement de jeux, ou des applications critiques.

C++ vs Autres Langages : Comparaison avec Python, Java et C

Le C++ se distingue par ses caractéristiques uniques qui le rendent particulièrement adapté aux projets exigeant des performances élevées et un contrôle précis sur la gestion de la mémoire. Comparons maintenant C++ avec d'autres langages populaires que vos étudiants connaissent ou découvriront bientôt : Python, Java et C.

C++ vs Python

Python est un langage interprété, souvent apprécié pour sa simplicité, sa syntaxe lisible, et sa rapidité de développement. Il est largement utilisé pour les domaines de l'analyse de données, de l'intelligence artificielle, du développement web et du prototypage rapide. Cependant, Python est moins performant pour des applications nécessitant un temps de réponse critique ou un accès direct au matériel.

Principales différences :
- Performance : C++ est un langage compilé qui s'exécute généralement beaucoup plus vite que Python, surtout dans les applications nécessitant un traitement intensif ou en temps réel.
- Gestion de la Mémoire : En C++, les programmeurs gèrent manuellement la mémoire avec des pointeurs et des allocations dynamiques (`new` et `delete`), tandis que Python utilise un ramasse-miettes (`garbage collector`) qui gère automatiquement la mémoire.
- Syntaxe et Complexité : Python est conçu pour être simple et intuitif, ce qui en fait un bon choix pour les débutants. C++ est plus complexe mais offre un contrôle plus détaillé, ce qui en fait un choix privilégié pour les systèmes où la performance est cruciale.

C++ vs Java

Java est également un langage orienté objet, et son modèle d'exécution repose sur la machine virtuelle Java (JVM), ce qui le rend indépendant de la plateforme. Java est particulièrement apprécié dans les applications web et les applications d'entreprise en raison de sa sécurité et de sa portabilité.

Principales différences :

- Indépendance de la Plateforme : Java est indépendant de la plateforme grâce à la JVM, tandis que les applications C++ doivent être recompilées pour chaque système d'exploitation, bien que cette dernière offre des performances accrues.
- Gestion de la Mémoire : Java utilise également un ramasse-miettes pour la gestion de la mémoire, contrairement à C++ où le développeur gère manuellement les ressources, permettant ainsi des optimisations plus fines mais aussi un risque accru d'erreurs.
- Héritage Multiple : Java n'autorise pas l'héritage multiple pour simplifier sa gestion de l'héritage, ce qui est permis en C++ (même si cela peut être source de complexité supplémentaire).
- Utilisation Prédominante : Java est très populaire dans le développement d'applications web et mobiles, notamment Android, tandis que C++ est souvent préféré pour les systèmes embarqués, les moteurs de jeux, et les applications critiques nécessitant des performances maximales.

C++ vs C

Le C est considéré comme le prédécesseur direct de C++ et partage de nombreuses similarités, mais avec des différences fondamentales, notamment l'absence de programmation orientée objet en C. De plus, les développeurs C++ bénéficient de la gestion d'exceptions, des classes et d'autres concepts avancés de programmation orientée objet.

Principales différences :
- Paradigme : C est un langage procédural, alors que C++ intègre à la fois la programmation procédurale et orientée objet, ce qui permet une meilleure structuration du code.
- Fonctionnalités Avancées : C++ inclut des fonctionnalités comme les classes, les exceptions, les espaces de noms, et les modèles (templates), qui ne sont pas disponibles en C.
- Niveau de Contrôle : Les deux langages permettent une gestion directe de la mémoire, mais C++ offre des outils supplémentaires comme les pointeurs intelligents (smart pointers) pour une gestion de mémoire plus sûre.
- Portabilité et Applications : Le C est principalement utilisé pour des systèmes embarqués ou de très bas niveau (comme les systèmes d'exploitation), tandis que C++ est plus polyvalent et peut être utilisé aussi bien pour des applications système que pour des applications d'ingénierie logicielle de grande envergure.

Résumé Comparatif

Critère	C++	Python	Java	C
Type de Langage	Compilé, orienté objet/procédural	Interprété, multi-paradigme	Compilé (JVM), orienté objet	Compilé, procédural
Performance	Très élevée	Modérée	Modérée	Très élevée
Gestion Mémoire	Manuelle	Automatique (GC)	Automatique (GC)	Manuelle
Simplicité	Complexe	Simple	Modéré	Modéré
Utilisation	Systèmes embarqués, jeux, applications performantes	IA, Data science, Web, prototypage rapide	Applications web, Android, entreprise	Systèmes d'exploitation, systèmes embarqués

Conclusion

En conclusion, C++ se distingue par sa puissance et sa polyvalence dans les applications où la performance et le contrôle bas niveau sont essentiels. Bien que plus complexe, il permet des optimisations que les autres langages ne peuvent offrir, le rendant incontournable dans des domaines spécifiques comme les jeux vidéo, les systèmes embarqués, et les applications nécessitant des performances de haut niveau.

Mise en Place de l'Environnement de Développement

L'installation et la configuration d'un environnement de développement C++ permettent de compiler, exécuter et déboguer des programmes efficacement. Voici les étapes pour installer un compilateur C++ et un IDE.

1. Installation d'un Compilateur C++ (GCC/MinGW)

Le compilateur GCC (GNU Compiler Collection) est l'un des plus utilisés pour le développement en C++ car il est open-source et compatible avec plusieurs systèmes d'exploitation.

- Sur Linux : GCC est souvent déjà installé. Sinon, utilisez la commande suivante pour l'installer :

sudo apt install g++

Une fois installé, vérifiez l'installation en exécutant :

g++ --version

- Sur Windows :
  - Téléchargez MinGW (Minimalist GNU for Windows) qui inclut le compilateur `g++`.
  - Installez MinGW en suivant les étapes de l'assistant d'installation. Lors de la configuration, sélectionnez `gcc-g++` pour inclure le compilateur C++.
  - Ajoutez le dossier `bin` de MinGW (généralement `C:\MinGW\bin`) au **PATH** du système afin d'accéder au compilateur depuis n'importe quel terminal.

Après l'installation, ouvrez un terminal et vérifiez l'installation en exécutant `g++ --version`.

2. Installation et Utilisation d'un IDE (Code::Blocks, Visual Studio)

Les IDE (environnements de développement intégrés) facilitent la programmation en offrant des fonctionnalités de compilation, d'édition, et de débogage dans une interface unifiée.

- Code::Blocks :
  - Téléchargement : Rendez-vous sur le site officiel de https://www.codeblocks.org/ et téléchargez la version avec le compilateur `MinGW` inclus pour éviter une installation séparée.
  - Installation : Suivez les instructions de l'assistant d'installation.
  - Configuration : Ouvrez Code::Blocks, allez dans Settings > Compiler, et assurez-vous que le compilateur détecté est `GNU GCC Compiler`. Configurez également le répertoire des fichiers si nécessaire.
  - Premier Projet : Créez un nouveau projet C++ en sélectionnant File > New > Project. Choisissez `Console Application` et suivez les étapes pour configurer votre projet.

- Visual Studio :
  - Téléchargement : Accédez à https://visualstudio.microsoft.com/ et téléchargez la version Community, gratuite pour les étudiants et développeurs individuels.
  - Installation : Lors de l'installation, sélectionnez le package Desktop Development with C++.
  - Configuration : Une fois installé, ouvrez Visual Studio et configurez les paramètres de votre projet pour utiliser `C++` comme langage principal.
  - Premier Projet : Créez un nouveau projet C++ en sélectionnant Create a new project et choisissez `Console App` dans les modèles C++. Visual Studio génère un fichier `main.cpp` par défaut pour tester votre première application.

Tester l'Environnement avec un Programme Simple

Pour vérifier que tout est correctement configuré, créez un programme simple qui affiche "Hello, World!" :

1. Dans un éditeur de texte ou l'IDE, créez un fichier appelé `main.cpp`.
2. Ajoutez le code suivant :

```
#include <iostream>
using namespace std;

int main() {
    cout << "Hello, World!" << endl;
    return 0;
}
```

3. Compilation et Exécution :
   - Sur le terminal (avec GCC) : Dans le répertoire du fichier `main.cpp`, exécutez :

```
g++ main.cpp -o hello
./hello
```

   - Dans l'IDE : Appuyez sur `Run` ou `Build and Run` selon l'interface pour compiler et exécuter le programme.

Si vous voyez "Hello, World!" s'afficher, votre environnement est prêt pour coder en C++ ! Cette configuration assure un démarrage optimal pour vos premiers projets en C++.

2. Variables, Types de Données, et Entrées/Sorties (3 heures)

Variables et Types de Données en C++ : Exploration des Types `int`, `float`, `double`, `char`, `bool`, et des Types Définis par l'Utilisateur (`struct`)

En C++, chaque variable doit être déclarée avec un type spécifique, indiquant la nature de la valeur qu'elle stocke. Voici un aperçu des principaux types de données de base, ainsi que des types de données définis par l'utilisateur à l'aide des `struct`.

Types de Données Primitifs en C++

1. Type `int` (entier)
Le type `int` est utilisé pour stocker des nombres entiers, qu'ils soient positifs, négatifs ou nuls. La taille en mémoire d'un `int` est généralement de 4 octets, selon le système.
Exemple :
```
int age = 25;
int temperature = -5;
```
2. Types `float` et `double` (nombres décimaux)
Le type `float` permet de stocker des nombres à virgule flottante (décimaux) avec une précision de 6 à 7 chiffres significatifs. `double` offre une précision plus élevée (jusqu'à 15 chiffres significatifs) et occupe plus de mémoire.
Exemple :
```
float pi = 3.14f;     // Le 'f' indique que c'est un float
double e = 2.71828;   // Double n'a pas besoin de suffixe
```
3. Type `char` (caractère)
Le type `char` permet de stocker un caractère unique (par exemple, une lettre, un chiffre ou un symbole). Un `char` occupe généralement 1 octet en mémoire.
Exemple :
```
char initial = 'A';
char symbol = '#';
```
4. Type `bool` (booléen)
Le type `bool` est utilisé pour représenter des valeurs de vérité, soit `true` (vrai) ou `false` (faux). En mémoire, un booléen est souvent représenté par un octet.
Exemple :
```
bool estEtudiant = true;
bool aReussi = false;
```
5. Type `std::string` (chaîne de caractères)
Bien qu'il ne soit pas un type primitif, `std::string` (de la bibliothèque `<string>`) est fréquemment utilisé pour manipuler des textes ou des chaînes de caractères. Il peut contenir plusieurs caractères.
Exemple :

```
#include <string>
std::string nom = "Alice";
```

Types Définis par l'Utilisateur : Les Structures (`struct`)

En C++, une `struct` permet de créer des types de données personnalisés, regroupant plusieurs variables sous un seul type. Les structures sont utiles pour représenter des objets complexes qui nécessitent de stocker plusieurs informations ensemble.
Déclaration d'une `struct` : Une `struct` se déclare avec le mot-clé `struct`, suivi d'un nom et des membres qu'elle contient.

Exemple : Voici une structure `Etudiant` qui regroupe le nom, l'âge et la note d'un étudiant.

```
#include <iostream>
#include <string>

struct Etudiant {
    std::string nom;
    int age;
    float note;
};

int main() {
    // Création d'une variable de type Etudiant
    Etudiant etudiant1;

    // Initialisation des membres
    etudiant1.nom = "Alice";
    etudiant1.age = 20;
    etudiant1.note = 15.5;

    // Affichage des informations de l'étudiant
    std::cout << "Nom : " << etudiant1.nom << std::endl;
    std::cout << "Âge : " << etudiant1.age << std::endl;
    std::cout << "Note : " << etudiant1.note << std::endl;

    return 0;
}
```

Dans cet exemple :
- `Etudiant` est une `struct` qui regroupe trois variables : `nom` (chaîne de caractères), `age` (entier) et `note` (décimal).
- La structure permet d'organiser les informations relatives à un étudiant en un seul objet, facilitant l'accès et la gestion de ces informations.

Ces types de données permettent une grande flexibilité dans la manipulation de l'information en C++, avec les types primitifs pour les valeurs simples et les structures pour les objets plus complexes.

Déclaration et Initialisation des Variables : Différences Syntaxiques entre C++ et Python

En C++, les variables doivent être déclarées avec un type spécifique lors de leur création, contrairement à Python où le type est déduit automatiquement lors de l'assignation d'une valeur. Voici les principales différences entre la déclaration et l'initialisation des variables en C++ et en Python, ainsi que quelques bonnes pratiques.

1. Déclaration et Initialisation en C++

En C++, la déclaration d'une variable consiste à spécifier son type et son nom. Elle peut aussi inclure une initialisation, c'est-à-dire l'attribution d'une valeur initiale à la variable.

- Syntaxe de Déclaration :
    type nomDeVariable;
- Syntaxe de Déclaration et Initialisation :
    type nomDeVariable = valeurInitiale;

Exemples :

```
int age = 20;          // Déclaration et initialisation d'un entier
float temperature = 36.5f; // Déclaration et initialisation d'un nombre décimal
char initiale = 'A';   // Déclaration et initialisation d'un caractère
```

En C++, il est obligatoire de spécifier le type de la variable (int, float, char, etc.), car le langage est **fortement typé** et **statiquement typé**, ce qui signifie que chaque variable a un type défini au moment de la compilation.

2. Déclaration et Initialisation en Python

En Python, les variables sont dynamiquement typées. Lorsqu'on assigne une valeur à une variable, Python détermine automatiquement son type sans besoin de le spécifier explicitement.

Syntaxe en Python :
    nom_de_variable = valeur_initiale

Exemples :

```
age = 20            # Python reconnaît automatiquement que c'est un entier
temperature = 36.5   # Python interprète ceci comme un float
initiale = 'A'      # Python reconnaît ceci comme un caractère
```

Il n'est pas nécessaire d'indiquer le type en Python, car l'interpréteur déduit le type de la variable d'après la valeur qui lui est assignée.

3. Initialisation Obligatoire en C++ vs. Python

- En C++ : Il est recommandé d'initialiser chaque variable lors de sa déclaration. Si une variable est déclarée sans initialisation, elle contient une valeur indéfinie.

int nonInitialisee; // Non initialisée, peut contenir n'importe quelle valeur
nonInitialisee = 5; // Maintenant initialisée à 5

- En Python : Les variables sont initialisées dès qu'on leur attribue une valeur.

nombre = None # Par convention, None est utilisé pour initialiser une variable sans valeur
nombre = 5 # Initialisée avec 5

4. Initialisation avec le Mot-Clé `auto` en C++

Depuis C++11, il est possible d'utiliser le mot-clé `auto` pour permettre au compilateur de déduire automatiquement le type d'une variable en fonction de sa valeur initiale.

auto age = 20; // Déduit comme `int`
auto temperature = 36.5; // Déduit comme `double`
auto initiale = 'A'; // Déduit comme `char`

Cette fonctionnalité est utile pour simplifier le code, mais le type de la variable reste fixe après sa première affectation, contrairement à Python où le type peut changer dynamiquement.

5. Résumé des Différences

Caractéristique	C++	Python
Déclaration de Type	Requise lors de la déclaration	Non requise, déduction automatique
Syntaxe de Déclaration	`type nomDeVariable;`	`nom_de_variable = valeur_initiale`
Initialisation Obligatoire	Recommandée pour éviter des valeurs indéfinies	N/A
Déduction de Type avec `auto`	Possible depuis C++11 (`auto var = valeur;`)	Toujours automatique
Changement de Type Dynamique	Non, le type est fixé à la déclaration	Oui, le type peut changer

Ces différences rendent le C++ plus strict mais également plus performant, car les types étant connus à la compilation, le compilateur peut optimiser le code. Python offre une plus grande flexibilité au détriment de la performance, puisqu'il doit gérer la vérification des types dynamiquement à l'exécution.

Entrée et Sortie de Données : Utilisation de `cin` et `cout` pour les Interactions Utilisateur en C++

En C++, les interactions avec l'utilisateur, comme afficher des informations et lire des données saisies, se font principalement à l'aide des objets `cout` et `cin`, fournis par la bibliothèque <iostream>. Ces objets facilitent les opérations d'entrée et de sortie standard, permettant d'afficher des messages sur la console et de recevoir des entrées utilisateur.

Sortie de Données avec `cout`

L'objet `cout` (console output) est utilisé pour afficher du texte ou des valeurs sur la console. Il est suivi de l'opérateur `<<` (opérateur d'insertion) pour transmettre l'information à afficher.
Syntaxe de base :

```
std::cout << expression;
```

Exemples :

```
#include <iostream>
using namespace std;

int main() {
    cout << "Bonjour, bienvenue dans le programme !" << endl;
    cout << "Le résultat est : " << 42 << endl;
    return 0;
}
```

Dans cet exemple :

- "Bonjour, bienvenue dans le programme !" est un texte affiché à l'écran.
- endl est utilisé pour passer à la ligne suivante après l'affichage.
- << permet d'enchaîner plusieurs éléments à afficher dans un seul appel à cout.

Utilisation de endl et \n pour les Sauts de Ligne :

- endl : Insère un saut de ligne et vide le flux de sortie.
- \n : Insère un saut de ligne sans vider le flux de sortie (plus rapide dans les boucles ou grandes quantités de texte).

```
cout << "Ligne 1\nLigne 2" << endl;
```

Entrée de Données avec `cin`

L'objet `cin` (console input) est utilisé pour lire les données saisies par l'utilisateur depuis la console. Il est suivi de l'opérateur `>>` (opérateur d'extraction) pour transmettre la donnée à une variable.
Syntaxe de base :

```
std::cin >> variable;
```

Exemples :

```
#include <iostream>
using namespace std;

int main() {
    int age;
    cout << "Veuillez entrer votre âge : ";
    cin >> age;
    cout << "Vous avez " << age << " ans." << endl;
    return 0;
}
```

Dans cet exemple :

- cout affiche le message "Veuillez entrer votre âge :".

- cin attend que l'utilisateur entre une valeur, qui sera stockée dans age.
- cout affiche ensuite l'âge saisi en utilisant age.

Enchaînement de cin et Lecture de Plusieurs Variables

Vous pouvez utiliser cin pour lire plusieurs valeurs d'affilée en une seule ligne.
Exemple :

```
#include <iostream>
using namespace std;

int main() {
    int jour, mois, annee;
    cout << "Entrez la date de votre naissance (jour mois année) : ";
    cin >> jour >> mois >> annee;
    cout << "Vous êtes né le " << jour << "/" << mois << "/" << annee << endl;
    return 0;
}
```

Dans cet exemple, l'utilisateur peut saisir les trois valeurs (jour, mois, année) sur une seule ligne, séparées par des espaces. cin stocke chaque valeur dans la variable correspondante.

Problèmes Courants avec cin

1. **Reste du Buffer** : Après une entrée avec cin, il peut rester des caractères inutiles dans le buffer. Cela peut entraîner des erreurs si vous utilisez d'autres fonctions de lecture, comme getline, après cin.
   - **Solution** : Utilisez cin.ignore() pour vider le buffer.

```
cin.ignore(std::numeric_limits<std::streamsize>::max(), '\n');
```

2. **Mauvais Type de Donnée** : Si l'utilisateur saisit un type de donnée incorrect (ex. : une lettre au lieu d'un nombre entier), cin échoue et place le programme dans un état d'erreur.

- **Solution** : Vérifiez et réinitialisez l'état de cin pour éviter des erreurs.

```
if (!(cin >> age)) {
    cout << "Erreur : veuillez entrer un nombre entier." << endl;
    cin.clear(); // Réinitialise l'état de cin
    cin.ignore(numeric_limits<streamsize>::max(), '\n'); // Vider le buffer
}
```

Exercices Pratiques : Programmes Simples pour Demander des Entrées Utilisateur, Stocker les Valeurs et les Afficher

Exercice 1 : Informations Personnelles

Objectif : Demander des informations personnelles (nom, âge et poids) à l'utilisateur, puis afficher un message personnalisé.
Consignes :
- Demandez à l'utilisateur de saisir son nom, son âge, et son poids.
- Stockez ces informations dans les variables appropriées.
- Affichez un message de bienvenue contenant les informations saisies.

```
#include <iostream>
#include <string>
using namespace std;

int main() {
    string nom;
    int age;
    float poids;

    cout << "Entrez votre nom : ";
    cin >> nom;

    cout << "Entrez votre âge : ";
    cin >> age;

    cout << "Entrez votre poids (en kg) : ";
    cin >> poids;

    cout << "Bonjour, " << nom << "! Vous avez " << age << " ans et vous pesez " <<
poids << " kg." << endl;

    return 0;
}
```

Exercice 2 : Calculatrice Simple

Objectif : Créer une calculatrice qui demande deux nombres à l'utilisateur, puis affiche leur somme, leur différence, leur produit et leur quotient.
Consignes :
- Demandez à l'utilisateur de saisir deux nombres.
- Effectuez les opérations de base : addition, soustraction, multiplication, et division.
- Affichez les résultats pour chaque opération.

```
#include <iostream>
using namespace std;

int main() {
    float nombre1, nombre2;

    cout << "Entrez le premier nombre : ";
    cin >> nombre1;

    cout << "Entrez le second nombre : ";
    cin >> nombre2;

    cout << "Somme : " << nombre1 + nombre2 << endl;
    cout << "Différence : " << nombre1 - nombre2 << endl;
    cout << "Produit : " << nombre1 * nombre2 << endl;

    if (nombre2 != 0) {
        cout << "Quotient : " << nombre1 / nombre2 << endl;
    } else {
        cout << "Erreur : Division par zéro !" << endl;
    }

    return 0;
}
```

Exercice 3 : Saisie Sécurisée

Objectif : Demander un nombre entier à l'utilisateur et vérifier que l'entrée est bien un nombre. Si ce n'est pas le cas, afficher un message d'erreur et redemander la saisie.

Consignes :

- Demandez à l'utilisateur de saisir un nombre entier.
- Vérifiez si la saisie est valide (utilisez les fonctions de vérification d'entrée pour `cin`).
- En cas d'erreur, affichez un message et redemandez la saisie.

```
#include <iostream>
#include <limits> // Pour utiliser numeric_limits
using namespace std;

int main() {
    int nombre;

    while (true) {
        cout << "Entrez un nombre entier : ";
        if (cin >> nombre) {
            cout << "Vous avez saisi : " << nombre << endl;
            break;
        } else {
            cout << "Erreur : Veuillez entrer un nombre entier valide." << endl;
            cin.clear(); // Réinitialise l'état d'erreur de cin
            cin.ignore(numeric_limits<streamsize>::max(), '\n'); // Vide le buffer
d'entrée
        }
    }

    return 0;
}
```

Exercice 4 : Convertisseur de Température

Objectif : Demander une température en Celsius, la convertir en Fahrenheit, et afficher le résultat.
Consignes :
- Demandez à l'utilisateur de saisir une température en degrés Celsius.
- Convertissez cette température en Fahrenheit avec la formule : `F = (C * 9/5) + 32`.
- Affichez la température en Fahrenheit.

```
#include <iostream>
using namespace std;

int main() {
    float celsius, fahrenheit;

    cout << "Entrez la température en Celsius : ";
    cin >> celsius;

    fahrenheit = (celsius * 9 / 5) + 32;
    cout << "La température en Fahrenheit est : " << fahrenheit << "°F" << endl;

    return 0;
}
```

Exercice 5 : Calcul de l'Aire d'un Rectangle

Objectif : Demander la longueur et la largeur d'un rectangle, puis calculer et afficher son aire.
Consignes :
- Demandez à l'utilisateur de saisir la longueur et la largeur du rectangle.
- Calculez l'aire avec la formule : `Aire = longueur * largeur`.
- Affichez l'aire du rectangle.

```
#include <iostream>
using namespace std;

int main() {
    float longueur, largeur, aire;

    cout << "Entrez la longueur du rectangle : ";
    cin >> longueur;

    cout << "Entrez la largeur du rectangle : ";
    cin >> largeur;

    aire = longueur * largeur;
    cout << "L'aire du rectangle est : " << aire << " unités carrées." << endl;

    return 0;
}
```

Ces exercices permettent aux étudiants de travailler sur des programmes simples, mais pratiques, pour maîtriser les concepts d'entrée et de sortie en C++. Ils abordent également la manipulation des variables et le traitement des erreurs, leur donnant une expérience pratique de la programmation en C++.

QCM d'évaluation - Section 2 : Variables, Types de Données, et Entrées/Sorties

Niveau Débutant

1. Quel type est utilisé pour stocker un nombre entier en C++ ?
   □ a) `float`
   □ b) `int`
   □ c) `double`
   □ d) `bool`

2. Quel type peut contenir une valeur vraie ou fausse ?
   □ a) `char`
   □ b) `bool`
   □ c) `int`
   □ d) `float`

3. Quelle est la taille typique d'un `char` en mémoire ?
   □ a) 1 octet
   □ b) 2 octets
   □ c) 4 octets
   □ d) 8 octets

4. Quelle déclaration est correcte pour un nombre flottant en C++ ?
   □ a) `float x = 3.14;`
   □ b) `int x = 3.14;`
   □ c) `double x = "3.14";`
   □ d) `bool x = 3.14;`

5. Quel type est utilisé pour définir des structures personnalisées ?
   □ a) `class`
   □ b) `struct`
   □ c) `bool`
   □ d) `enum`

6. Quelle est la syntaxe correcte pour déclarer et initialiser une variable en C++ ?
   □ a) `int a = 5;`
   □ b) `a int = 5;`
   □ c) `int = a 5;`
   □ d) `5 = int a;`

7. Quelle est la différence principale entre la déclaration de variables en Python et en C++ ?
   □ a) En Python, il faut spécifier le type explicitement.
   □ b) En C++, il faut spécifier le type explicitement.

□ c) Les deux langages n'exigent pas de déclaration.
□ d) En Python, les variables doivent toujours être globales.

8. Quelle variable a une déclaration valide en C++ ?
□ a) `int nombre = 10;`
□ b) `float 3nombre = 10.5;`
□ c) `char lettre = 'a';`
□ d) Les réponses a) et c)

9. Quelle est la valeur par défaut d'un booléen en C++ ?
□ a) `true`
□ b) `false`
□ c) `0`
□ d) Il n'a pas de valeur par défaut.

10. Quel mot-clé permet de définir une constante en C++ ?
□ a) `const`
□ b) `define`
□ c) `static`
□ d) `final`

Niveau Intermédiaire

11. Comment déclare-t-on une structure en C++ ?
    □ a) `class { }`
    □ b) `struct { }`
    □ c) `struct nom { }`
    □ d) `class nom { }`

12. Comment accéder à un membre d'une structure ?
    □ a) `nom.membre`
    □ b) `nom->membre`
    □ c) `membre.nom`
    □ d) `membre->nom`

13. Quel mot-clé permet de créer un alias de type en C++ ?
    □ a) `typedef`
    □ b) `alias`
    □ c) `type`
    □ d) `def`

14. Quelle est la sortie du code suivant ?

```
struct Point { int x; int y; };
Point p = {10, 20};
cout << p.x;
```

```
□ a) 10
□ b) 20
□ c) Erreur
□ d) Rien
```

15. Quelle est l'utilité principale des `struct` en C++ ?
    □ a) Stocker des types simples uniquement.
    □ b) Créer des types personnalisés avec des champs regroupés.
    □ c) Remplacer les classes.
    □ d) Créer des boucles.

16. Quelle commande permet de lire une valeur en C++ ?
    □ a) `scanf()`
    □ b) `cin >>`
    □ c) `input()`
    □ d) `cout >>`

17. Quelle est la sortie du code suivant ?

```
int x = 10;
cout << x;
```

```
□ a) 10
□ b) Erreur
```

```
□ c) Rien
□ d) x
```

18. Que signifie `endl` dans une instruction `cout` ?
   - □ a) Ajouter une nouvelle ligne.
   - □ b) Arrêter l'exécution.
   - □ c) Ajouter un espace.
   - □ d) Rien.

19. Que produit le code suivant ?

```
int a;
cin >> a;
cout << a;
```

```
□ a) Affiche la valeur saisie.
□ b) Affiche toujours 0.
□ c) Erreur de compilation.
□ d) Rien.
```

20. Quelle est la fonction principale de `cin` ?
   - □ a) Lire des données depuis un fichier.
   - □ b) Lire des données depuis l'utilisateur.
   - □ c) Afficher des données à l'écran.
   - □ d) Gérer les fichiers.

Niveau Avancé

21. Quel code crée une variable de type structure ?

```
struct Personne {
    string nom;
    int age;
};
```

```
□ a) `Personne p;`
□ b) `struct p;`
□ c) `Personne p = Personne();`
□ d) Les deux a) et c).
```

22. Comment lire deux entiers séparés par un espace ?
    - □ a) `cin >> a >> b;`
    - □ b) `cin >> a; cin >> b;`
    - □ c) `cin(a, b);`
    - □ d) Les réponses a) et b).

23. Quel code produit un affichage formaté ?

```
int a = 10;
float b = 2.5;
cout << a << " - " << b << endl;
```

```
□ a) 10 - 2.5
□ b) 10-2.5
□ c) 10 : 2.5
□ d) Erreur
```

24. Quel est l'effet de ce code ?

```
cout << fixed << setprecision(2) << 3.14159;
```

```
□ a) Affiche 3.14159
□ b) Affiche 3.14
□ c) Erreur
□ d) Affiche 3.1
```

25. Comment concaténer deux chaînes en C++ ?
    - □ a) `str1 + str2`
    - □ b) `concat(str1, str2)`
    - □ c) `str1.append(str2)`
    - □ d) Réponses a) et c).

26. Que fait ce code avec la gestion des erreurs ?

```
try {
    string str;
    cin >> str;
    if (cin.fail()) throw runtime_error("Erreur de lecture");
} catch (const exception& e) {
```

```
    cerr << e.what();
}
```

□ a) Capture les erreurs de lecture et les affiche
□ b) Ignore toutes les erreurs
□ c) Provoque toujours une erreur
□ d) N'a aucun effet

27. Comment déclarer une variable qui peut stocker n'importe quel type ?

```
template<typename T>
void afficher(const T& valeur) {
    cout << valeur << endl;
}
```

□ a) En utilisant `auto`
□ b) En utilisant `void*`
□ c) En utilisant un template comme montré
□ d) Ce n'est pas possible en C++

28. Quelle est la différence entre ces deux déclarations ?

```
const int* ptr1;
int* const ptr2;
```

□ a) Aucune différence
□ b) `ptr1` pointe vers une valeur constante, `ptr2` est un pointeur constant
□ c) Les deux sont des pointeurs constants
□ d) Les deux pointent vers des valeurs constantes

29. Comment initialiser correctement un tableau de structures ?

```
struct Point { int x, y; };
```

□ a) `Point points[] = {{1,2}, {3,4}};`
□ b) `Point points[] = {1,2,3,4};`
□ c) `Point points[] = Point(1,2), Point(3,4);`
□ d) `Point points[] = new Point[2];`

30. Quel est le résultat de cette manipulation de flux ?

```
stringstream ss;
ss << hex << 255;
string result;
ss >> result;
cout << result;
```

□ a) "255"
□ b) "ff"
□ c) "0xff"
□ d) Erreur de compilation

Conclusion

Ce QCM évalue progressivement la compréhension des concepts de variables, types de données et entrées/sorties en C++, du niveau débutant au niveau avancé. Il couvre à la fois les aspects théoriques et pratiques du langage.

Corrigé Détaillé des QCM - Section 2 : Variables, Types de Données, et Entrées/Sorties

QCM 1 : Niveau Débutant

1. Réponse : b) int
   - Explication : `int` est utilisé pour stocker des nombres entiers en C++.
2. Réponse : b) bool
   - Explication : `bool` est un type qui peut prendre deux valeurs : `true` ou `false`.
3. Réponse : a) 1 octet
   - Explication : Un caractère (`char`) est généralement stocké sur 1 octet en mémoire.
4. Réponse : a) float x = 3.14;
   - Explication : `float` peut stocker des nombres à virgule flottante. Les autres réponses ont des erreurs de syntaxe ou de type.
5. Réponse : b) struct
   - Explication : Les structures (`struct`) sont utilisées pour regrouper plusieurs types de données sous un même type personnalisé.
6. Réponse : a) int a = 5;
   - Explication : C'est la syntaxe correcte pour déclarer et initialiser une variable en C++.
7. Réponse : b) En C++, il faut spécifier le type explicitement.
   - Explication : Contrairement à Python qui utilise une typage dynamique, C++ nécessite un typage statique.
8. Réponse : d) Les réponses a) et c)
   - Explication : Les deux déclarations sont correctes en C++.
9. Réponse : b) false
   - Explication : Par défaut, un booléen est initialisé à `false`.
10. Réponse : a) const
    - Explication : Le mot-clé `const` permet de définir une constante en C++.

QCM 2 : Niveau Intermédiaire

11. Réponse : c) struct nom { }
    - Explication : Une structure doit être déclarée avec un nom.
12. Réponse : a) nom.membre
    - Explication : L'opérateur `.` est utilisé pour accéder aux membres d'une structure.
13. Réponse : a) typedef
    - Explication : `typedef` est utilisé pour créer un alias de type en C++.
14. Réponse : a) 10
    - Explication : Le membre `x` de la structure est initialisé à 10 et affiché.
15. Réponse : b) Créer des types personnalisés avec des champs regroupés.
    - Explication : Les structures regroupent plusieurs attributs sous un même type.
16. Réponse : b) cin >>
    - Explication : `cin` est utilisé pour la saisie utilisateur.

17. Réponse : a) 10
   - Explication : `cout` affiche directement la valeur stockée dans la variable.
18. Réponse : a) Ajouter une nouvelle ligne.
   - Explication : `endl` insère une nouvelle ligne dans la sortie standard.
19. Réponse : a) Affiche la valeur saisie.
   - Explication : `cin` lit l'entrée utilisateur, et `cout` l'affiche.
20. Réponse : b) Lire des données depuis l'utilisateur.
   - Explication : `cin` permet d'obtenir des entrées depuis l'utilisateur.

QCM 3 : Niveau Avancé

21. Réponse : d) Les deux a) et c).
   - Explication : Les deux syntaxes sont valides pour déclarer une variable de type `struct`.
22. Réponse : d) Les réponses a) et b).
   - Explication : Les deux approches permettent de lire deux entiers séparés par un espace.
23. Réponse : a) 10 - 2.5
   - Explication : Les données sont affichées avec le formatage spécifié.
24. Réponse : b) Affiche 3.14
   - Explication : `setprecision(2)` limite l'affichage à deux décimales.
25. Réponse : d) Réponses a) et c).
   - Explication : Les chaînes peuvent être concaténées avec `+` ou `append()`.
26. Réponse : a) Capture les erreurs de lecture et les affiche
   - Explication : Le bloc `try-catch` gère et affiche les erreurs rencontrées lors de la lecture.
27. Réponse : c) En utilisant un template comme montré
   - Explication : Les templates permettent de créer des fonctions génériques en C++.
28. Réponse : b) `ptr1` pointe vers une valeur constante, `ptr2` est un pointeur constant
   - Explication : La déclaration différencie les restrictions sur la modification des valeurs et des adresses.
29. Réponse : a) `Point points[] = {{1,2}, {3,4}};`
   - Explication : Cette syntaxe initialise correctement un tableau de structures.
30. Réponse : b) "ff"
   - Explication : Le flux convertit le nombre 255 en hexadécimal, ce qui donne `ff`.

Conclusion

Ce corrigé détaille chaque réponse en expliquant pourquoi elle est correcte. Il permet aux apprenants d'approfondir leur compréhension des concepts abordés et de renforcer leurs bases en programmation C++. Les QCM peuvent être utilisés comme outil de révision ou pour des évaluations pratiques.

Glossaire : Variables, Types de Données, et Entrées/Sorties

Variable

Espace mémoire nommé utilisé pour stocker des données.

int

Type de données pour des nombres entiers.

float

Type de données pour des nombres décimaux avec précision simple.

double

Type de données pour des nombres décimaux avec précision double.

char

Type de données pour stocker un caractère unique.

bool

Type de données pour stocker une valeur vraie (`true`) ou fausse (`false`).

struct

Type défini par l'utilisateur permettant de regrouper plusieurs variables sous une seule entité.

cin

Flux d'entrée pour capturer les données saisies par l'utilisateur.

cout

Flux de sortie pour afficher des informations à l'utilisateur.

Initialisation

Attribution d'une valeur initiale à une variable au moment de sa déclaration.

Entrée/Sortie

Processus d'échange de données entre un programme et son environnement (console, fichier, etc.).

Syntaxe

Ensemble de règles définissant la structure correcte du code en C++.

Compilation

Processus de transformation du code source en code exécutable.

3. Opérateurs et Expressions (2 heures)

Opérateurs Arithmétiques en C++

Les opérateurs arithmétiques en C++ sont utilisés pour réaliser des opérations mathématiques de base sur des nombres. Ces opérations sont au cœur de nombreux calculs et permettent de manipuler les données numériques. Les principaux opérateurs arithmétiques sont les suivants :

Addition (`+`)

L'opérateur `+` additionne deux valeurs. Il peut être utilisé pour additionner des entiers, des décimaux, ou même pour concaténer des chaînes de caractères si elles sont de type `std::string`.

Exemple :

```
#include <iostream>
using namespace std;

int main() {
    int a = 10, b = 5;
    int somme = a + b;
    cout << "Addition : " << a << " + " << b << " = " << somme << endl;

    return 0;
}
```

Soustraction (`-`)

L'opérateur `-` soustrait la seconde valeur de la première. Il est utilisé pour obtenir la différence entre deux nombres.

Exemple :

```
#include <iostream>
using namespace std;

int main() {
    int a = 10, b = 5;
    int difference = a - b;
    cout << "Soustraction : " << a << " - " << b << " = " << difference << endl;

    return 0;
}
```

Multiplication (`*`)

L'opérateur `*` multiplie deux valeurs. La multiplication est utilisée pour des calculs impliquant des produits.

Exemple :

```
#include <iostream>
using namespace std;

int main() {
    int a = 10, b = 5;
    int produit = a * b;
    cout << "Multiplication : " << a << " * " << b << " = " << produit << endl;

    return 0;
}
```

Division (`/`)

L'opérateur `/` divise la première valeur par la seconde. En C++, lorsqu'on divise deux entiers, le résultat est également un entier (la partie décimale est tronquée). Pour obtenir un résultat décimal, au moins un des nombres doit être de type `float` ou `double`.

Division entière :

```
#include <iostream>
using namespace std;

int main() {
    int a = 10, b = 3;
    int quotient = a / b;
    cout << "Division entière : " << a << " / " << b << " = " << quotient << endl;

    return 0;
}
```

Division décimale :

```
#include <iostream>
using namespace std;

int main() {
    float a = 10.0, b = 3.0;
    float quotient = a / b;
    cout << "Division décimale : " << a << " / " << b << " = " << quotient << endl;

    return 0;
}
```

Modulo (`%`)

L'opérateur `%` retourne le reste de la division entière entre deux nombres. Il est souvent utilisé pour vérifier la parité d'un nombre (pair ou impair) ou pour d'autres calculs nécessitant un reste. Cet opérateur ne peut être utilisé qu'avec des entiers.

Exemple :

```
#include <iostream>
using namespace std;

int main() {
    int a = 10, b = 3;
    int reste = a % b;
    cout << "Modulo : " << a << " % " << b << " = " << reste << endl;

    return 0;
}
```

Résumé des Opérateurs Arithmétiques

Opérateur	Fonction	Exemple	Résultat
+	Addition	10 + 5	15
-	Soustraction	10 - 5	5
*	Multiplication	10 * 5	50
/	Division	10 / 3	3 (si entier) ou 3.33 (si décimal)
%	Modulo	10 % 3	1

Ces opérateurs de base sont essentiels pour manipuler les données numériques et sont utilisés dans presque tous les programmes en C++.

Opérateurs Relationnels et Logiques

Les opérateurs relationnels et logiques permettent d'établir des comparaisons entre des valeurs et de combiner des conditions pour contrôler le flux d'un programme. Ils sont souvent utilisés dans les instructions conditionnelles (comme if, while) pour déterminer si une expression est vraie ou fausse.

1. Opérateurs Relationnels

Les opérateurs relationnels comparent deux valeurs et retournent un résultat booléen (true ou false).

Opérateur	Description	Exemple	Résultat
==	Égalité	a == b	true si a est égal à b, sinon false
!=	Différent	a != b	true si a est différent de b, sinon false
<	Inférieur	a < b	true si a est inférieur à b, sinon false
>	Supérieur	a > b	true si a est supérieur à b, sinon false
<=	Inférieur ou égal	a <= b	true si a est inférieur ou égal à b, sinon false
>=	Supérieur ou égal	a >= b	true si a est supérieur ou égal à b, sinon false

Exemple :

```
#include <iostream>
using namespace std;

int main() {
  int a = 5, b = 10;

  cout << "a == b : " << (a == b) << endl;
  cout << "a != b : " << (a != b) << endl;
  cout << "a < b : " << (a < b) << endl;
  cout << "a > b : " << (a > b) << endl;
  cout << "a <= b : " << (a <= b) << endl;
  cout << "a >= b : " << (a >= b) << endl;

  return 0;
}
```

Dans cet exemple, chaque expression retourne une valeur true ou false qui sera affichée sous la forme de 1 pour true et 0 pour false dans la console.

2. Opérateurs Logiques

Les opérateurs logiques permettent de combiner plusieurs conditions ou de modifier la valeur d'une condition.

Opérateur	Description	Exemple	Résultat
&&	ET logique	a && b	true si les deux expressions sont vraies
||	OU logique	a || b	true si au moins une des expressions est vraie
!	NON logique (négation)	!a	Inverse la valeur booléenne de a

- **ET logique (&&)** : Les deux conditions doivent être vraies pour que l'expression globale soit true.
- **OU logique (||)** : Au moins une des deux conditions doit être vraie pour que l'expression globale soit true.
- **NON logique (!)** : Inverse la valeur d'une condition (true devient false et vice-versa).

Exemple :

```
#include <iostream>
using namespace std;

int main() {
    bool a = true, b = false;

    cout << "a && b : " << (a && b) << endl;
    cout << "a || b : " << (a || b) << endl;
    cout << "!a : " << !a << endl;

    return 0;
}
```

Dans cet exemple :

- a && b retourne false parce que b est false.
- a || b retourne true parce que a est true.
- !a retourne false car a est true, et ! inverse la valeur.

Combinaison d'Opérateurs Relationnels et Logiques

Les opérateurs relationnels et logiques sont souvent combinés dans des expressions complexes pour évaluer plusieurs conditions en même temps.

Exemple :

```cpp
#include <iostream>
using namespace std;

int main() {
    int age = 20;
    bool estEtudiant = true;

    if (age >= 18 && estEtudiant) {
        cout << "L'utilisateur est majeur et étudiant." << endl;
    } else {
        cout << "L'utilisateur n'est pas majeur ou n'est pas étudiant." << endl;
    }

    return 0;
}
```

Dans cet exemple, l'instruction if vérifie si age est supérieur ou égal à 18 **et** si estEtudiant est vrai. Si les deux conditions sont remplies, le message indique que l'utilisateur est majeur et étudiant. Sinon, un autre message est affiché.

Résumé des Opérateurs Relationnels et Logiques

Opérateur	Type	Utilisation	Résultat
==	Relationnel	Égalité	true si les valeurs sont égales
!=	Relationnel	Différent	true si les valeurs sont différentes
<	Relationnel	Inférieur	true si la première valeur est inférieure
>	Relationnel	Supérieur	true si la première valeur est supérieure
<=	Relationnel	Inférieur ou égal	true si la première valeur est inférieure ou égale
>=	Relationnel	Supérieur ou égal	true si la première valeur est supérieure ou égale
&&	Logique	ET logique	true si les deux expressions sont vraies
||	Logique	OU logique	true si au moins une expression est vraie
!	Logique	NON logique	Inverse la valeur booléenne

Ces opérateurs sont essentiels pour contrôler le flux d'un programme en fonction des conditions et sont largement utilisés dans les instructions conditionnelles et les boucles.

Conversion de Types (Casting) : Conversion Implicite et Explicite des Types de Données

La conversion de types, ou casting, permet de convertir une valeur d'un type de donnée à un autre. En C++, il existe deux types de conversions : conversion implicite et conversion explicite. Ces conversions sont souvent nécessaires pour s'assurer que les opérations mathématiques et logiques entre différents types se comportent comme attendu.

Conversion Implicite

La conversion implicite est effectuée automatiquement par le compilateur lorsque les types de données impliqués dans une opération sont différents. Le compilateur décide de la conversion en fonction de la hiérarchie des types, en général en convertissant le type de plus faible précision au type de précision plus élevée.

Exemple de conversion implicite (int à float) :

```
#include <iostream>
using namespace std;

int main() {
    int a = 5;
    float b = 2.5;
    float resultat = a + b;  // a est converti en float automatiquement

    cout << "Résultat : " << resultat << endl;
    return 0;
}
```

Dans cet exemple, l'entier `a` est implicitement converti en `float` pour permettre l'addition avec `b`. Cela donne un résultat décimal.

Hiérarchie de conversion : Lorsque des types différents sont utilisés ensemble, le compilateur suit généralement une hiérarchie de conversion comme suit :
bool < char < short < int < float < double

Conversion Explicite (Casting)

La conversion explicite, ou casting, est réalisée par le programmeur pour forcer la conversion d'un type à un autre. En C++, il existe plusieurs façons d'effectuer un casting explicite :

Casting en Style C

Le style de casting de type C est simple et consiste à placer le type cible entre parenthèses avant la valeur.

```
float a = 5.75;
int b = (int)a;  // Conversion explicite en entier
```

Dans cet exemple, `a` est converti en `int`, donc `b` sera égal à `5` car la partie décimale est tronquée.

Casting avec static_cast

`static_cast` est le moyen recommandé en C++ pour effectuer une conversion explicite, car il rend le code plus lisible et sécurise la conversion.

```
float a = 5.75;
int b = static_cast<int>(a);  // Conversion explicite en entier
```

Ici, `static_cast<int>(a)` convertit `a` en `int`. Ce type de conversion est préférable car il rend l'intention du programmeur plus claire.

Exemple de Conversion Explicite pour éviter des résultats indésirables

Parfois, les conversions implicites peuvent donner des résultats inattendus, surtout lorsqu'on divise des entiers. Dans ces cas, le casting explicite peut assurer un résultat précis.

```
#include <iostream>
using namespace std;

int main() {
    int a = 5, b = 2;
    float resultat1 = a / b;                        // Conversion implicite, donne 2
    float resultat2 = static_cast<float>(a) / b;  // Conversion explicite, donne 2.5

    cout << "Résultat avec conversion implicite : " << resultat1 << endl;
    cout << "Résultat avec conversion explicite : " << resultat2 << endl;

    return 0;
}
```

Dans cet exemple, `resultat1` donne `2` car `a / b` est une division entière. Pour obtenir un résultat en décimal, `a` est converti en `float` dans `resultat2` en utilisant `static_cast<float>(a)`, donnant ainsi `2.5`.

Différences et Importance du Casting Explicite

Le casting explicite est souvent préférable pour clarifier les intentions du code et éviter les erreurs subtiles dues aux conversions implicites. En C++, il est particulièrement utile pour :

- **Prévenir les pertes de données** : par exemple, passer de double à int élimine la partie décimale.
- **Améliorer la lisibilité** : static_cast rend la conversion explicite pour le lecteur du code.
- **Éviter les erreurs d'interprétation** : par exemple, utiliser un casting explicite pour obtenir des résultats précis dans les calculs impliquant des types différents.

Résumé des Conversions

Conversion	Type	Syntaxe	Exemple
Implicite	Automatique	N/A	float resultat = a + b;
Explicite	Style C	(type) valeur	int b = (int) a;
Explicite	static_cast	static_cast<type>(val)	int b = static_cast<int>(a);

Ces conversions sont essentielles pour garantir que les calculs entre différents types de données produisent les résultats souhaités, tout en réduisant les risques d'erreurs dans le code.

Exercice : Création d'un Programme de Calculatrice avec Opérations Arithmétiques et Conditions

Cet exercice vous permet de mettre en pratique les concepts d'opérateurs arithmétiques, de conditions, et de conversion de types en C++. Nous allons créer une calculatrice de base qui prend deux nombres en entrée, puis effectue l'opération choisie par l'utilisateur.
Instructions
1. Demandez à l'utilisateur deux nombres et l'opération à effectuer (addition, soustraction, multiplication, division ou modulo).
2. Utilisez des conditions pour déterminer l'opération à exécuter en fonction du choix de l'utilisateur.
3. Affichez le résultat de l'opération choisie.
4. Gérer les cas spécifiques, comme la division par zéro.
Exemple de Code

```
#include <iostream>
using namespace std;

int main() {
    float nombre1, nombre2;
    char operateur;

    cout << "Entrez le premier nombre : ";
    cin >> nombre1;

    cout << "Entrez le deuxième nombre : ";
    cin >> nombre2;

    cout << "Choisissez une opération (+, -, *, /, %) : ";
    cin >> operateur;

    // Utilisation de conditions pour effectuer l'opération choisie
    switch (operateur) {
        case '+':
            cout << "Résultat : " << nombre1 + nombre2 << endl;
            break;
        case '-':
            cout << "Résultat : " << nombre1 - nombre2 << endl;
            break;
        case '*':
            cout << "Résultat : " << nombre1 * nombre2 << endl;
            break;
        case '/':
            if (nombre2 != 0) {
                cout << "Résultat : " << nombre1 / nombre2 << endl;
            } else {
                cout << "Erreur : Division par zéro !" << endl;
            }
            break;
        case '%':
            if (static_cast<int>(nombre2) != 0) {
                cout << "Résultat : " << static_cast<int>(nombre1) %
static_cast<int>(nombre2) << endl;
            } else {
                cout << "Erreur : Modulo par zéro !" << endl;
            }
            break;
        default:
            cout << "Opérateur non valide !" << endl;
    }

    return 0;
}
```

Explication du Code

1. Saisie des Nombres et de l'Opérateur :
   - `nombre1` et `nombre2` sont des variables de type `float` pour permettre des opérations avec des nombres décimaux.
   - `operateur` est de type `char` et représente l'opération que l'utilisateur souhaite effectuer.
2. Structure `switch` pour les Conditions :
   - Chaque cas du `switch` correspond à un opérateur (`+`, `-`, `*`, `/`, `%`).

- Selon l’opérateur choisi, le programme effectue l’opération correspondante et affiche le résultat.

3. Gestion des Cas Spéciaux :
   - Division par zéro : Avant de diviser, le programme vérifie si `nombre2` est différent de zéro pour éviter une erreur.
   - Modulo par zéro : Pour effectuer un modulo, les nombres sont convertis en `int` avec `static_cast<int>()`, et la division par zéro est vérifiée.

4. Opérateur Non Valide :
   - Si l’utilisateur entre un caractère autre que `+`, `-`, `*`, `/`, ou `%`, le `default` du `switch` affiche un message d’erreur.

Exemple d'Utilisation

Entrée utilisateur :

Entrez le premier nombre : 8
Entrez le deuxième nombre : 4
Choisissez une opération (+, -, *, /, %) : *

Sortie :

Résultat : 32

Cas de Division par Zéro :

Entrez le premier nombre : 10
Entrez le deuxième nombre : 0
Choisissez une opération (+, -, *, /, %) : /
Erreur : Division par zéro !

Cet exercice couvre les bases de l'interaction utilisateur, de l'arithmétique, et de la gestion des erreurs en C++. Il peut être étendu en ajoutant plus d'opérations, des vérifications de types ou des boucles pour répéter les calculs.

QCM : Opérateurs et Expressions en C++

Introduction

Ce QCM évalue vos connaissances sur les opérateurs et expressions en C++. Il est structuré en trois niveaux de difficulté : - **Niveau Débutant** : Opérations de base et opérateurs simples - **Niveau Intermédiaire** : Priorités d'opérateurs et expressions composées - **Niveau Avancé** : Conversions de types et cas complexes

Points Évalués

- Opérateurs arithmétiques, relationnels et logiques
- Priorité et associativité des opérateurs
- Conversions de types et expressions composées
- Opérations bit à bit
- Cas particuliers et subtilités du langage

Niveau Débutant

1. Quel opérateur est utilisé pour l'addition en C++ ?
   □ a) +
   □ b) -
   □ c) *
   □ d) /

2. Quelle est la sortie de l'expression suivante : `5 * 2 - 3` ?
   □ a) 7
   □ b) 10
   □ c) 3
   □ d) 5

3. Quel opérateur est utilisé pour obtenir le reste d'une division entière ?
   □ a) /
   □ b) %
   □ c) *
   □ d) -

4. Quelle est la priorité des opérateurs dans cette expression : `3 + 4 * 2` ?
   □ a) 14
   □ b) 11
   □ c) 7
   □ d) 8

5. Que fait l'expression suivante : `x += 3` ?
   □ a) Ajoute 3 à x et stocke le résultat dans x
   □ b) Multiplie x par 3
   □ c) Divise x par 3
   □ d) Soustrait 3 de x

6. Quel opérateur est utilisé pour vérifier l'égalité entre deux valeurs ?
   □ a) `=`
   □ b) `==`
   □ c) `!=`
   □ d) `>=`

7. Quelle est la valeur retournée par l'expression `5 > 3 && 4 < 2` ?
   □ a) `true`
   □ b) `false`
   □ c) `1`
   □ d) `0`

8. Que signifie l'opérateur logique `!` en C++ ?
   □ a) ET logique
   □ b) OU logique
   □ c) NON logique (négation)
   □ d) Comparaison

9. Quelle est la sortie de l'expression `10 % 3` ?
   □ a) 3
   □ b) 1
   □ c) 0
   □ d) 10

10. Que retourne l'expression `(5 == 5) || (4 > 6)` ?
   □ a) `true`
   □ b) `false`
   □ c) `1`
   □ d) `0`

Niveau Intermédiaire

11. Quel est le résultat de l'opération `12.0 / 5` en C++ ?
   □ a) 2.4
   □ b) 2
   □ c) 3
   □ d) 2.0

12. Comment évaluer si un nombre est pair en C++ ?
   □ a) `x % 2 == 0`
   □ b) `x / 2 == 0`
   □ c) `x & 1 == 0`
   □ d) Les réponses a) et c) sont correctes

13. Quelle est la priorité des opérateurs dans `3 + 4 * 2 - 1` ?
   □ a) Les additions puis la multiplication
   □ b) La multiplication puis les additions/soustractions de gauche à droite
   □ c) Les opérations de gauche à droite
   □ d) Les opérations de droite à gauche

14. Que vaut `15 & 7` en binaire ?
   □ a) 7
   □ b) 15
   □ c) 8
   □ d) 0

15. Quelle expression vérifie si un nombre est dans l'intervalle [0,100[?
   □ a) `0 <= x < 100`
   □ b) `x >= 0 && x < 100`
   □ c) `x > 0 && x <= 100`
   □ d) `x >= 0 || x < 100`

16. Que fait l'opérateur ^ en C++ ?
   □ a) Puissance
   □ b) OU exclusif bit à bit
   □ c) ET bit à bit
   □ d) Complément à un

17. Quelle est la valeur de `8 >> 1` ?
   □ a) 16
   □ b) 4
   □ c) 0
   □ d) 1

18. Comment arrondir le résultat d'une division entière vers le haut ?
   □ a) `(a + b - 1) / b`
   □ b) `(a / b) + 1`
   □ c) `ceil(a / b)`
   □ d) `(a + b) / b`

19. Que fait l'opérateur ~ en C++ ?
  □ a) Négation logique
  □ b) Complément à un
  □ c) Complément à deux
  □ d) OU exclusif

20. Quelle expression est équivalente à `!(a || b)` ?
  □ a) `!a && !b`
  □ b) `!a || !b`
  □ c) `!a ^ !b`
  □ d) `!a == !b`

Niveau Avancé

21. Quel est le résultat de l'expression suivante ?

```
int x = 5;
int y = ++x * 2;
cout << x << " " << y;
```

```
□ a) "5 10"
□ b) "6 12"
□ c) "6 10"
□ d) "5 12"
```

22. Quel est le résultat de cette opération bit à bit ?

```
int x = 5;    // 101 en binaire
int y = 3;    // 011 en binaire
cout << (x ^ y);
```

```
□ a) 6
□ b) 7
□ c) 2
□ d) 4
```

23. Que se passe-t-il dans cette expression ?

```
double x = 3.7;
int y = x;
cout << y;
```

```
□ a) Erreur de compilation
□ b) 3
□ c) 4
□ d) 3.7
```

24. Quelle est la valeur de `sizeof(int) + sizeof(char)` sur un système 32 bits typique ?

□ a) 4
□ b) 5
□ c) 8
□ d) 1

25. Que fait cette expression ?

```
int x = -5;
unsigned int y = x;
cout << y;
```

```
□ a) Affiche -5
□ b) Affiche 5
□ c) Affiche une grande valeur positive
□ d) Erreur de compilation
```

26. Quel est le résultat de cette conversion ?

```
float f = 1e8;
int i = f;
cout << (f == i);
```

□ a) 1
□ b) 0
□ c) Indéterminé
□ d) Erreur de compilation

27. Quelle expression est toujours vraie en C++ ?
    - □ a) `x == x`
    - □ b) `x != x`
    - □ c) `(float)x == x`
    - □ d) Aucune des réponses

28. Que fait cette manipulation de bits ?

```
int x = 1;
cout << (x << 3) - 1;
```

□ a) 7
□ b) 8
□ c) 15
□ d) 3

29. Quel est le résultat de cette expression avec les opérateurs de pré/post incrémentation ?

```
int a = 5;
cout << ++a + a++;
```

□ a) 11
□ b) 12
□ c) 13
□ d) Comportement indéfini

30. Comment s'assurer qu'une division donne toujours un résultat décimal ?
    - □ a) `(float)a / b`
    - □ b) `a / (float)b`
    - □ c) Les deux réponses a) et b)
    - □ d) `float(a/b)`

Conclusion

Ce QCM couvre les aspects essentiels des opérateurs et expressions en C++. Pour progresser :

- Pratiquez régulièrement avec des exemples variés
- Portez attention aux priorités des opérateurs
- Testez vos programmes pour vérifier vos hypothèses
- Consultez la documentation C++ pour approfondir les concepts complexes

Corrigé détaillé des QCM - Opérateurs et Expressions en C++

Niveau 1 : Débutant

1. Réponse : a) `+`

   - Explication : L'opérateur `+` est utilisé pour l'addition en C++.
2. Réponse : a) 7

   - Explication : La multiplication (`5 * 2 = 10`) est effectuée avant la soustraction (`10 - 3 = 7`).
3. Réponse : b) `%`

   - Explication : L'opérateur `%` retourne le reste de la division entière.
4. Réponse : b) 11

   - Explication : La multiplication a une priorité plus élevée (`4 * 2 = 8`), puis l'addition (`3 + 8 = 11`).
5. Réponse : a) Ajoute 3 à x et stocke le résultat dans x.

   - Explication : L'opérateur `+=` ajoute une valeur à la variable et met à jour sa valeur.
6. Réponse : b) `==`

   - Explication : L'opérateur `==` est utilisé pour comparer l'égalité entre deux valeurs.
7. Réponse : b) false

   - Explication : L'expression `5 > 3` est vraie, mais `4 < 2` est fausse. Avec `&&`, les deux conditions doivent être vraies.
8. Réponse : c) NON logique (négation)

   - Explication : L'opérateur `!` inverse la valeur logique d'une expression.
9. Réponse : b) 1

   - Explication : `10 % 3` donne 1, car 10 divisé par 3 donne un reste de 1.
10. Réponse : a) true

    - Explication : `5 == 5` est vrai et avec `||`, une seule condition vraie suffit.

Niveau 2 : Intermédiaire

11. Réponse : a) 2.4

    - Explication : Division entre un `double` et un entier produit un `double`.
12. Réponse : b) false

    - Explication : `7 != 7` est faux, car les deux valeurs sont égales.

13. Réponse : b) false

- Explication : `5 > 2` est vrai, mais `!` inverse la valeur logique, donc `false`.

14. Réponse : b) (x >= 10 && x <= 20)

- Explication : Vérifie si x est dans l'intervalle [10, 20].

15. Réponse : b) 10

- Explication : Multiplication d'abord (`2 * 3 = 6`), puis addition (`4 + 6 = 10`).

16. Réponse : a) true

- Explication : `3 > 2` est vrai, et avec `||`, une seule condition vraie suffit.

17. Réponse : b) Différent de

- Explication : L'opérateur `!=` vérifie l'inégalité entre deux valeurs.

18. Réponse : a) 21

- Explication : Parenthèses d'abord (`5 + 2 = 7`), puis multiplication (`7 * 3 = 21`).

19. Réponse : a) `&&` a une priorité plus élevée.

- Explication : L'opérateur `&&` est évalué avant `||`.

20. Réponse : b) 3

- Explication : Parenthèses (`3 + 4 = 7`), multiplication (`7 * 2 = 14`), puis modulo (`14 % 5 = 3`).

Niveau 3 : Avancé

21. Réponse : b) `float`

- Explication : Division entre un `float` et un entier retourne un `float`.

22. Réponse : a) `(int)3.14`

- Explication : Conversion explicite d'un float en int.

23. Réponse : a) 7

- Explication : La partie entière est extraite, laissant 7.

24. Réponse : b) 2

- Explication : `5/2` donne un entier, puis est converti en `double`, conservant 2.0.

25. Réponse : c) 3.333...

- Explication : Division entre un entier et un float retourne un float.

26. Réponse : a) `3.5 + 2`

- Explication : Casting implicite : l'entier `2` est converti en `float`.

27. Réponse : a) 7

- Explication : Addition et division respectent la priorité (`(3+2)=5`, puis `5/2*3=7`).

28. Réponse : a) `x % 2 == 0`

- Explication : Vérifie si un nombre est divisible par 2.

29. Réponse : a) Retourne x si x > y, sinon y.

 - Explication : L'opérateur ternaire agit comme une condition.

30. Réponse : a) true

 - Explication : Les deux conditions sont vraies, donc `&&` retourne vrai.

Conclusion

Ce corrigé détaillé vous permet d'évaluer vos réponses tout en expliquant les concepts associés. Pour approfondir, expérimentez avec des variantes de ces questions et testez vos connaissances sur des scénarios pratiques en programmation C++.

Glossaire : Opérateurs et Expressions en C++

Opérateur Arithmétique

Symbole utilisé pour effectuer des calculs mathématiques de base, comme l'addition (`+`), la soustraction (`-`), la multiplication (`*`), la division (`/`) et le modulo (`%`).

Opérateur Relationnel

Symbole utilisé pour comparer deux valeurs. Par exemple : `==` (égal à), `!=` (différent de), `<` (inférieur à), `>` (supérieur à), `<=` (inférieur ou égal), et `>=` (supérieur ou égal).

Opérateur Logique

Opérateur utilisé pour combiner plusieurs expressions booléennes. Par exemple : `&&` (ET logique), `||` (OU logique), et `!` (NON logique).

Priorité des Opérateurs

Règles définissant l'ordre dans lequel les opérateurs sont évalués dans une expression. Les multiplications et divisions sont évaluées avant les additions et soustractions.

Conversion de Types (Casting)

Processus permettant de transformer une variable d'un type à un autre. Il peut être **implicite** (automatique) ou **explicite** (forcé par le programmeur à l'aide d'une syntaxe comme `(int)` ou `(double)`).

Expression

Combinaison d'opérateurs et de variables utilisée pour produire une valeur. Par exemple : `(5 + 2) * 3`.

Modulo (%)

Opérateur qui retourne le reste d'une division entière. Par exemple, `10 % 3` retourne `1`.

Incrémentation et Décrémentation

Opérateurs permettant d'augmenter (`++`) ou de diminuer (`--`) la valeur d'une variable d'une unité.

Opérateur Ternaire

Opérateur conditionnel sous la forme : `condition ? valeur_si_vrai : valeur_si_faux`.

Évaluation Court-circuitée

Technique d'optimisation où une expression logique est arrêtée dès que son résultat est déterminé. Par exemple, pour `false && x`, `x` n'est jamais évalué.

4. Structures de Contrôle (4 heures)

Instructions Conditionnelles : if, else if, else en C++

Les instructions conditionnelles if, else if, et else permettent d'exécuter des blocs de code en fonction de certaines conditions. Ces structures sont essentielles pour contrôler le flux d'un programme et le rendre dynamique en fonction des valeurs ou des situations rencontrées.

Structure de Base : if

L'instruction if en C++ vérifie si une condition est vraie. Si la condition est remplie (c'est-à-dire qu'elle est évaluée comme true), le bloc de code associé est exécuté.
Syntaxe :

```
if (condition) {
   // Code exécuté si la condition est vraie
}
```

Exemple :

```
#include <iostream>
using namespace std;

int main() {
    int age;
    cout << "Entrez votre âge : ";
    cin >> age;

    if (age >= 18) {
        cout << "Vous êtes majeur." << endl;
    }

    return 0;
}
```

Dans cet exemple, le message "Vous êtes majeur" s'affiche uniquement si la valeur de age est supérieure ou égale à 18.

Ajouter une Alternative : else

L'instruction else permet de spécifier un bloc de code alternatif à exécuter si la condition if est fausse.
Syntaxe :

```
if (condition) {
    // Code exécuté si la condition est vraie
} else {
    // Code exécuté si la condition est fausse
}
```

Exemple :

```
#include <iostream>
using namespace std;

int main() {
    int age;
    cout << "Entrez votre âge : ";
    cin >> age;

    if (age >= 18) {
        cout << "Vous êtes majeur." << endl;
    } else {
        cout << "Vous êtes mineur." << endl;
    }

    return 0;
}
```

Dans cet exemple, si age est inférieur à 18, le programme affiche "Vous êtes mineur". Sinon, il affiche "Vous êtes majeur".

Chaînage de Conditions : else if

L'instruction else if permet de tester plusieurs conditions différentes. Si la condition if initiale est fausse, le programme passe à la condition else if. On peut en utiliser plusieurs successivement pour gérer différents cas.
Syntaxe :

```
if (condition1) {
    // Code exécuté si condition1 est vraie
} else if (condition2) {
    // Code exécuté si condition1 est fausse et condition2 est vraie
} else {
    // Code exécuté si aucune des conditions précédentes n'est vraie
}
```

Exemple :

```
#include <iostream>
using namespace std;

int main() {
    int note;
    cout << "Entrez votre note (sur 20) : ";
    cin >> note;

    if (note >= 16) {
        cout << "Excellent !" << endl;
    } else if (note >= 12) {
        cout << "Bien !" << endl;
    } else if (note >= 10) {
        cout << "Passable." << endl;
    } else {
        cout << "Insuffisant." << endl;
    }

    return 0;
}
```

Dans cet exemple :

- Si note est supérieure ou égale à 16, le message "Excellent !" s'affiche.
- Si note est comprise entre 12 et 15, le message "Bien !" est affiché.
- Si note est entre 10 et 11, "Passable." s'affiche.
- Si note est inférieure à 10, "Insuffisant." s'affiche.

Importance de l'Ordre des Conditions

Lorsqu'on utilise plusieurs else if, l'ordre des conditions est important, car le programme exécute la première condition vraie qu'il rencontre et ignore les suivantes. Il est donc crucial de placer les conditions de manière à éviter des erreurs logiques.

Exemple d'Ordre Incorrect :

```
if (age >= 13) {
    cout << "Vous êtes adolescent." << endl;
} else if (age >= 18) {
    cout << "Vous êtes adulte." << endl;
}
```

Dans cet exemple, la première condition age >= 13 sera toujours vérifiée en premier, ce qui peut entraîner des résultats incorrects pour les personnes majeures. La condition pour les adultes devrait être vérifiée avant celle des adolescents.

Correction :

```
if (age >= 18) {
    cout << "Vous êtes adulte." << endl;
} else if (age >= 13) {
    cout << "Vous êtes adolescent." << endl;
} else {
    cout << "Vous êtes enfant." << endl;
}
```

Exercice Pratique : Catégoriser une Personne par Âge

Objectif : Demandez l'âge de l'utilisateur et affichez un message en fonction de son groupe d'âge (enfant, adolescent, adulte, senior).

Exemple de Code :

```
#include <iostream>
using namespace std;

int main() {
    int age;
    cout << "Entrez votre âge : ";
    cin >> age;

    if (age >= 65) {
        cout << "Vous êtes senior." << endl;
    } else if (age >= 18) {
        cout << "Vous êtes adulte." << endl;
    } else if (age >= 13) {
        cout << "Vous êtes adolescent." << endl;
    } else {
        cout << "Vous êtes enfant." << endl;
    }

    return 0;
}
```

Dans cet exemple :

- Si age est supérieur ou égal à 65, le message "Vous êtes senior" s'affiche.
- Si age est entre 18 et 64, le message "Vous êtes adulte" s'affiche.
- Si age est entre 13 et 17, "Vous êtes adolescent" s'affiche.
- Pour tous les âges inférieurs à 13, "Vous êtes enfant" est affiché.

Les instructions conditionnelles if, else if, et else en C++ permettent une grande flexibilité pour contrôler le flux d'exécution d'un programme. Elles sont souvent combinées avec des opérateurs relationnels et logiques pour gérer des conditions plus complexes.

Switch Case : Explication et Utilisation de l'Instruction `switch` pour Gérer les Décisions Multiples

L'instruction `switch` en C++ est une structure de contrôle qui permet de gérer des cas multiples en fonction d'une seule expression ou variable.
Elle est particulièrement utile lorsque l'on veut comparer la même variable à différentes valeurs.
La structure `switch` est souvent plus lisible et plus organisée qu'une suite de `if...else if...else`.

Structure et Syntaxe de `switch`

L'instruction `switch` compare une expression (généralement une variable entière ou de type `char`) avec plusieurs valeurs spécifiques appelées **cas** (ou `case`).
Si une correspondance est trouvée, le code associé à ce `case` est exécuté. On peut également utiliser l'instruction `default` pour gérer les valeurs qui ne correspondent à aucun `case`.

Syntaxe

```
switch (expression) {
    case valeur1:
        // Code à exécuter si expression == valeur1
        break;
    case valeur2:
        // Code à exécuter si expression == valeur2
        break;
    // Ajouter autant de cases que nécessaire
    default:
        // Code à exécuter si aucune des valeurs ne correspond
}
```

Remarque : L'instruction break termine l'exécution du switch. Sans break, le programme continue d'exécuter les instructions des cas suivants, ce qu'on appelle un **fall-through**.

Exemple d'Utilisation du `switch`

Dans cet exemple, l'utilisateur entre un nombre entre 1 et 7, et le programme affiche le jour de la semaine correspondant.

```
#include <iostream>
using namespace std;

int main() {
    int jour;
    cout << "Entrez un nombre entre 1 et 7 : ";
    cin >> jour;

    switch (jour) {
        case 1:
            cout << "Lundi" << endl;
            break;
        case 2:
            cout << "Mardi" << endl;
            break;
        case 3:
            cout << "Mercredi" << endl;
            break;
        case 4:
            cout << "Jeudi" << endl;
            break;
        case 5:
            cout << "Vendredi" << endl;
            break;
        case 6:
            cout << "Samedi" << endl;
            break;
        case 7:
            cout << "Dimanche" << endl;
            break;
        default:
            cout << "Valeur incorrecte !" << endl;
    }

    return 0;
}
```

Dans cet exemple :

- Chaque case correspond à un jour de la semaine.
- L'instruction break termine l'exécution du switch pour éviter d'exécuter les cases suivants.
- Si la valeur de jour ne correspond à aucun case de 1 à 7, l'instruction default affiche "Valeur incorrecte !".

Fonctionnement de `break` et du Fall-Through

En C++, chaque `case` dans un `switch` doit généralement être suivi de l'instruction `break` pour empêcher l'exécution des `cases` suivants (fall-through).
Si `break` est omis, le programme continuera d'exécuter le code des `cases` suivants jusqu'à trouver un `break` ou atteindre la fin du `switch`.

Exemple de Fall-Through :

```
#include <iostream>
using namespace std;

int main() {
    char note;
    cout << "Entrez votre note (A, B, C) : ";
    cin >> note;

    switch (note) {
        case 'A':
            cout << "Excellent !" << endl;
            // Pas de break ici, donc fall-through
        case 'B':
            cout << "Bien !" << endl;
            break;
        case 'C':
            cout << "Passable." << endl;
            break;
        default:
            cout << "Note non reconnue." << endl;
    }

    return 0;
}
```

Dans cet exemple :

- Si note est A, le programme affiche "Excellent !" **et** "Bien !" à cause de l'absence de break après case 'A'. Le programme continue dans case 'B' (fall-through).
- Si note est B, seul "Bien !" est affiché, car break interrompt l'exécution après case 'B'.

Utilisation de `default` dans le `switch`

L'instruction `default` est facultative mais utile pour gérer tous les cas non spécifiés dans le `switch`. Si aucune correspondance n'est trouvée parmi les `cases`, le code dans `default` est exécuté.

```
#include <iostream>
using namespace std;

int main() {
    int choix;
    cout << "Menu:\n1. Démarrer\n2. Arrêter\n3. Redémarrer\n";
    cout << "Entrez votre choix : ";
    cin >> choix;

    switch (choix) {
        case 1:
            cout << "Démarrage en cours..." << endl;
            break;
        case 2:
            cout << "Arrêt en cours..." << endl;
            break;
        case 3:
            cout << "Redémarrage en cours..." << endl;
            break;
        default:
            cout << "Option invalide !" << endl;
    }

    return 0;
}
```

Exercice Pratique : Calculatrice avec Switch Case

Objectif : Demandez à l'utilisateur deux nombres et l'opération arithmétique à effectuer (addition, soustraction, multiplication, division). Utilisez `switch` pour effectuer l'opération choisie.

```
#include <iostream>
using namespace std;

int main() {
    float nombre1, nombre2;
    char operateur;

    cout << "Entrez le premier nombre : ";
    cin >> nombre1;
    cout << "Entrez le deuxième nombre : ";
    cin >> nombre2;

    cout << "Choisissez une opération (+, -, *, /) : ";
    cin >> operateur;

    switch (operateur) {
        case '+':
            cout << "Résultat : " << nombre1 + nombre2 << endl;
            break;
        case '-':
            cout << "Résultat : " << nombre1 - nombre2 << endl;
            break;
        case '*':
            cout << "Résultat : " << nombre1 * nombre2 << endl;
            break;
        case '/':
            if (nombre2 != 0) {
                cout << "Résultat : " << nombre1 / nombre2 << endl;
            } else {
                cout << "Erreur : Division par zéro !" << endl;
            }
            break;
        default:
            cout << "Opérateur non valide !" << endl;
    }

    return 0;
}
```

Dans cet exemple :

- Le switch détermine l'opération en fonction de l'opérateur choisi (+, -, *, /).
- Si l'utilisateur choisit / et que le second nombre est zéro, un message d'erreur de division par zéro est affiché.
- default gère les cas où un opérateur non valide est entré.

Résumé du Switch Case

- `switch` est utilisé pour gérer plusieurs cas basés sur une seule expression.
- `break` termine chaque cas pour éviter le fall-through.
- `default` fournit un comportement par défaut si aucune valeur ne correspond.

L'instruction `switch` est idéale pour simplifier le code dans les situations où une seule variable peut prendre plusieurs valeurs possibles, offrant ainsi une alternative plus lisible aux longues structures `if...else if...else`.

Boucles

Boucle for en C++ : Utilisation Classique et Boucle Basée sur les Plages de Valeurs

La boucle `for` en C++ permet de répéter un bloc de code un nombre défini de fois. Elle est souvent utilisée pour parcourir des collections ou exécuter des opérations itératives sur un intervalle de valeurs. C++ propose deux types de boucles `for` : la boucle `for` classique et la boucle `for` basée sur les plages de valeurs (introduite avec C++11).

Boucle for Classique

La boucle `for` classique est structurée avec trois parties : l'initialisation, la condition, et l'incrémentation. Elle est idéale pour les situations où vous connaissez le nombre d'itérations nécessaires.

Syntaxe de la Boucle `for` Classique :

```
for (initialisation; condition; incrémentation) {
    // Code à exécuter à chaque itération
}
```

- Initialisation : Définit la variable de contrôle de la boucle (généralement un compteur).
- Condition : La boucle continue tant que la condition est vraie.
- Incrémentation : Modifie la variable de contrôle à la fin de chaque itération.

Exemple de Boucle `for` Classique :

```
#include <iostream>
using namespace std;

int main() {
    for (int i = 1; i <= 5; i++) {
        cout << "Itération : " << i << endl;
    }
    return 0;
}
```

Dans cet exemple, la boucle s'exécute 5 fois, avec i prenant successivement les valeurs de 1 à 5.

- Initialisation : int i = 1
- Condition : i <= 5
- Incrémentation : i++ (ajoute 1 à i à chaque itération)

Boucle for Basée sur les Plages de Valeurs (Range-based for Loop)

Introduite en C++11, la boucle `for` basée sur les plages est une syntaxe simplifiée pour parcourir tous les éléments d'une collection (comme un tableau, un vecteur ou une liste). Elle est particulièrement utile pour les tableaux ou les collections.

Syntaxe de la Boucle `for` Basée sur les Plages de Valeurs :

```
for (type element : collection) {
    // Code à exécuter pour chaque élément
}
```

- **Type** : Le type des éléments dans la collection (souvent auto pour que le compilateur déduise le type).
- **Element** : La variable qui représente chaque élément de la collection.
- **Collection** : Le tableau ou la collection à parcourir.

Exemple avec un Tableau :

```
#include <iostream>
using namespace std;

int main() {
    int nombres[] = {1, 2, 3, 4, 5};

    for (int n : nombres) {
        cout << "Nombre : " << n << endl;
    }

    return 0;
}
```

Dans cet exemple :

- La boucle for parcourt chaque élément du tableau nombres.
- À chaque itération, n représente un élément du tableau, et le code affiche sa valeur.

Exemple avec un Vecteur :

```
#include <iostream>
#include <vector>
using namespace std;

int main() {
    vector<string> jours = {"Lundi", "Mardi", "Mercredi", "Jeudi", "Vendredi"};

    for (const string& jour : jours) {
        cout << "Jour : " << jour << endl;
    }

    return 0;
}
```

Dans cet exemple :

- jours est un vecteur de chaînes de caractères.
- La boucle for basée sur les plages parcourt chaque élément, et jour représente un élément de la collection.
- const string& signifie que jour est une référence constante, ce qui évite de copier chaque élément (utile pour des éléments volumineux comme des chaînes ou des objets).

Différences et Avantages de la Boucle Basée sur les Plages de Valeurs

Boucle `for` Classique	Boucle Basée sur les Plages de Valeurs
Utilisée pour les cas généraux. Nécessite une initialisation, condition, et incrémentation explicites. Adaptée aux boucles à nombre d'itérations défini ou calculé.	Utilisée pour parcourir des collections. Pas besoin de spécifier l'initialisation, condition, ou incrémentation. Plus lisible pour les tableaux et collections.

Exercice Pratique : Calcul de la Somme des Éléments d'un Tableau

Objectif : Créer un tableau de nombres entiers et calculer la somme de ses éléments à l'aide d'une boucle `for` classique et d'une boucle basée sur les plages de valeurs.

Exemple de Code :

```
#include <iostream>
using namespace std;

int main() {
    int nombres[] = {1, 2, 3, 4, 5};
    int somme = 0;

    // Utilisation de la boucle for classique
    for (int i = 0; i < 5; i++) {
        somme += nombres[i];
    }
    cout << "Somme avec boucle classique : " << somme << endl;

    // Réinitialisation de la somme
    somme = 0;

    // Utilisation de la boucle for basée sur les plages
    for (int n : nombres) {
        somme += n;
    }
    cout << "Somme avec boucle basée sur les plages : " << somme << endl;

    return 0;
}
```

Dans cet exemple :

- La première boucle for classique utilise un compteur pour parcourir le tableau et ajouter chaque élément à somme.
- La seconde boucle basée sur les plages parcourt directement les éléments du tableau sans avoir besoin d'indice.

Les boucles for classique et basée sur les plages offrent chacune des avantages spécifiques selon les situations. La boucle for classique est utile pour des itérations précises et contrôlées, tandis que la boucle basée sur les plages est plus concise et lisible pour parcourir des collections.

Boucle `while` et `do-while` : Syntaxe et Cas d'Utilisation

Les boucles `while` et `do-while` permettent de répéter un bloc de code tant qu'une condition est remplie. Contrairement à la boucle `for`, elles sont souvent utilisées lorsque le nombre d'itérations n'est pas déterminé à l'avance.

Boucle `while`

La boucle `while` exécute un bloc de code tant qu'une condition est vraie. La condition est vérifiée avant chaque itération. Si la condition est fausse dès le départ, le bloc ne sera jamais exécuté.

Syntaxe de la Boucle `while` :

```
while (condition) {
    // Code à exécuter tant que la condition est vraie
}
```

Exemple :

```
#include <iostream>
using namespace std;

int main() {
    int compteur = 1;

    while (compteur <= 5) {
        cout << "Compteur : " << compteur << endl;
        compteur++;
    }

    return 0;
}
```

Dans cet exemple :

- La boucle while continue d'afficher la valeur de compteur tant que celle-ci est inférieure ou égale à 5.
- À chaque itération, compteur est incrémenté de 1.

Cas d'Utilisation de while :

- Lorsque le nombre d'itérations dépend d'une condition externe au programme.
- Exemples : lire des données jusqu'à ce qu'une valeur spécifique soit entrée, attendre une condition particulière dans une application interactive.

Boucle do-while

La boucle do-while est similaire à la boucle while, mais avec une différence clé : le bloc de code est exécuté au moins une fois, car la condition est vérifiée **après** chaque itération. Cela garantit qu'au moins une itération est exécutée.

Syntaxe de la Boucle do-while :

```
do {
    // Code à exécuter au moins une fois
} while (condition);
```

```
Exemple :
#include <iostream>
using namespace std;

int main() {
    int nombre;

    do {
        cout << "Entrez un nombre positif : ";
```

```
        cin >> nombre;
    } while (nombre <= 0);

    cout << "Vous avez entré : " << nombre << endl;

    return 0;
}
```

Dans cet exemple :

- Le bloc de code demande un nombre positif à l'utilisateur.
- Même si l'utilisateur entre initialement un nombre négatif, la boucle do-while garantit que l'invite sera affichée au moins une fois.
- La boucle continue jusqu'à ce qu'un nombre positif soit saisi.

Cas d'Utilisation de do-while :

- Lorsque l'on souhaite exécuter le bloc de code au moins une fois.
- Exemples : menus interactifs, validation de saisie, boucles de confirmation (par exemple, "Voulez-vous continuer ?").

Différences entre `while` et `do-while`

Boucle `while`	Boucle `do-while`
La condition est vérifiée avant chaque itération	La condition est vérifiée après chaque itération
Le bloc de code peut ne pas s'exécuter du tout si la condition est fausse dès le départ	Le bloc de code s'exécute toujours au moins une fois
Utilisée lorsque l'on ne connaît pas le nombre d'itérations mais qu'on a besoin d'une condition initiale pour entrer dans la boucle	Utilisée lorsque l'on veut garantir au moins une exécution du code, même si la condition est fausse au départ

Exemple d'Utilisation de Boucles while et do-while

Voici un programme qui utilise les deux types de boucles pour différentes tâches.

```
#include <iostream>
using namespace std;

int main() {
    int compteur = 1;

    // Boucle while : Compte de 1 à 5
    while (compteur <= 5) {
        cout << "Compteur (while) : " << compteur << endl;
        compteur++;
    }
```

```
    int nombre;

    // Boucle do-while : Demande un nombre pair
    do {
        cout << "Entrez un nombre pair : ";
        cin >> nombre;
    } while (nombre % 2 != 0);

    cout << "Vous avez entré un nombre pair : " << nombre << endl;

    return 0;
}
```

Dans cet exemple :

- La première boucle while incrémente compteur jusqu'à 5.
- La seconde boucle do-while demande un nombre pair ; si l'utilisateur entre un nombre impair, l'invite s'affiche à nouveau.

Exercice Pratique : Deviner un Nombre avec une Boucle while

Objectif : Écrire un programme où l'utilisateur doit deviner un nombre secret entre 1 et 10. La boucle se termine lorsque l'utilisateur devine correctement.

Exemple de Code :

```
#include <iostream>
using namespace std;

int main() {
    const int nombreSecret = 7;
    int devine;

    cout << "Devinez le nombre secret entre 1 et 10 : ";
    cin >> devine;

    while (devine != nombreSecret) {
        cout << "Mauvais essai, réessayez : ";
        cin >> devine;
    }

    cout << "Félicitations ! Vous avez trouvé le nombre secret." << endl;

    return 0;
}
```

Dans cet exercice :

- La boucle while continue tant que devine est différent de nombreSecret.
- Lorsqu'il trouve le bon nombre, le programme affiche un message de félicitations.

Les boucles while et do-while sont utiles pour des tâches répétitives où le nombre d'itérations dépend d'une condition spécifique, non prédéterminée. La boucle do-while garantit une exécution initiale, alors que la boucle while peut sauter l'exécution si la condition est fausse dès le départ.

Break et Continue : Interrompre ou Sauter des Itérations dans les Boucles

Les instructions `break` et `continue` permettent de contrôler davantage l'exécution des boucles en interrompant ou en sautant certaines itérations. Ces instructions sont particulièrement utiles pour gérer des situations spécifiques au sein des boucles sans en interrompre complètement l'exécution normale.

L'Instruction `break`

L'instruction `break` permet de sortir immédiatement d'une boucle. Lorsque `break` est rencontrée dans une boucle, le programme cesse d'exécuter les itérations restantes et passe directement à l'instruction suivante après la boucle.

Utilisation de `break` :
- Interrompre une boucle lorsqu'une condition particulière est remplie.
- Optimiser le programme en réduisant le nombre d'itérations lorsque le résultat recherché est déjà obtenu.

- Exemple :

```
#include <iostream>
using namespace std;

int main() {
    for (int i = 1; i <= 10; i++) {
        if (i == 5) {
            break; // Sort de la boucle si i est égal à 5
        }
        cout << "i = " << i << endl;
    }
    cout << "Boucle terminée." << endl;
    return 0;
}
```

Dans cet exemple :
- La boucle `for` affiche les valeurs de `i` de 1 à 10.
- Lorsqu'`i` atteint 5, l'instruction `break` interrompt la boucle, et le programme passe à l'instruction `cout << "Boucle terminée."`.
- La sortie de la boucle se produit dès que `i` est égal à 5, donc seules les valeurs de 1 à 4 sont affichées.

L’Instruction `continue`

L’instruction `continue` permet de passer immédiatement à l’itération suivante de la boucle en sautant le reste du code pour l’itération en cours. Contrairement à `break`, `continue` ne termine pas la boucle, mais évite simplement d'exécuter les instructions restantes dans le bloc.

Utilisation de `continue` :
- Sauter certaines itérations selon une condition spécifique.
- Ignorer des valeurs ou des cas particuliers sans quitter complètement la boucle.

- Exemple :

```
#include <iostream>
using namespace std;

int main() {
    for (int i = 1; i <= 10; i++) {
        if (i % 2 == 0) {
            continue; // Passe les nombres pairs
        }
        cout << "i = " << i << endl;
    }
    return 0;
}
```

Dans cet exemple :
- La boucle `for` affiche les valeurs de `i` de 1 à 10.
- L’instruction `continue` fait que chaque nombre pair est sauté. Ainsi, seules les valeurs impaires de `i` (1, 3, 5, 7, 9) sont affichées.

Différence entre `break` et `continue`

Instruction	Fonction	Effet
break	Interrompt la boucle	Sort immédiatement de la boucle
continue	Sauter l’itération en cours	Passe directement à l’itération suivante

Cas d'Utilisation Pratiques de `break` et `continue`

1. Recherche de la Première Occurrence avec `break` : Utilisez `break` pour trouver une valeur spécifique dans une collection ou un tableau, puis quittez la boucle une fois la valeur trouvée.

```cpp
#include <iostream>
using namespace std;

int main() {
    int nombres[] = {1, 2, 3, 4, 5};
    int recherche = 3;

    for (int i = 0; i < 5; i++) {
        if (nombres[i] == recherche) {
            cout << "Valeur trouvée à l'index " << i << endl;
            break; // Sort de la boucle dès que la valeur est trouvée
        }
    }

    return 0;
}
```

Dans cet exemple :

- La boucle cherche la valeur 3 dans le tableau nombres.
- Dès que 3 est trouvé, break interrompt la boucle, économisant ainsi des itérations.

2. Ignorer des Valeurs Particulières avec `continue` : Utilisez `continue` pour sauter des valeurs spécifiques dans une séquence, comme les nombres pairs ou les valeurs négatives.

```cpp
#include <iostream>
using namespace std;

int main() {
    for (int i = 1; i <= 10; i++) {
        if (i % 2 == 0) {
            continue; // Ignore les nombres pairs
        }
        cout << i << " est impair." << endl;
    }

    return 0;
}
```

Dans cet exemple :

- La boucle for affiche seulement les nombres impairs de 1 à 10.
- continue fait sauter les nombres pairs et passe directement aux impairs.

Exercice Pratique : Boucle avec `break` et `continue`

Objectif : Écrire un programme qui demande à l'utilisateur d'entrer des nombres positifs et calcule leur somme. Si l'utilisateur entre un nombre négatif, la boucle s'arrête avec `break`. Si l'utilisateur entre `0`, le programme ignore ce nombre et passe à l'itération suivante avec `continue`.

```cpp
#include <iostream>
using namespace std;

int main() {
    int nombre;
    int somme = 0;

    while (true) {
        cout << "Entrez un nombre positif (nombre négatif pour arrêter) : ";
        cin >> nombre;

        if (nombre < 0) {
            break; // Interrompt la boucle si un nombre négatif est saisi
        }
        if (nombre == 0) {
            continue; // Ignore le zéro et passe à l'itération suivante
        }

        somme += nombre;
    }

    cout << "La somme des nombres positifs est : " << somme << endl;

    return 0;
}
```

Dans cet exemple :

- Si l'utilisateur entre un nombre négatif, la boucle est interrompue avec break.
- Si l'utilisateur entre 0, le programme saute cette itération avec continue et continue de demander de nouveaux nombres.
- Tous les autres nombres sont ajoutés à somme.

Les instructions `break` et `continue` sont essentielles pour un contrôle précis du flux d'exécution dans les boucles. Elles permettent de quitter la boucle ou de sauter des itérations en fonction de conditions spécifiques, rendant les boucles plus flexibles et adaptées à divers scénarios.

Exercices : Programmes avec des Conditions et des Boucles

Ces exercices pratiques permettent d'appliquer les concepts de conditions, de boucles, et d'instructions de contrôle (`break` et `continue`). Ils sont conçus pour simuler des scénarios interactifs tels qu'un menu interactif et un jeu de devinettes.

Exercice 1 : Menu Interactif

Dans cet exercice, vous allez créer un menu interactif qui permet à l'utilisateur de choisir entre différentes options. Le programme continue de fonctionner jusqu'à ce que l'utilisateur choisisse de quitter.

Objectif :

- Afficher un menu avec des options.
- Demander à l'utilisateur de choisir une option.

- Utiliser switch pour gérer les options.
- Revenir au menu principal après chaque choix (sauf pour quitter).

Exemple de Code :

```
#include <iostream>
using namespace std;

int main() {
    int choix;

    do {
        cout << "\nMenu :\n";
        cout << "1. Afficher un message\n";
        cout << "2. Calculer la somme de deux nombres\n";
        cout << "3. Quitter\n";
        cout << "Entrez votre choix : ";
        cin >> choix;

        switch (choix) {
            case 1:
                cout << "Bonjour, bienvenue dans le programme !" << endl;
                break;
            case 2: {
                int a, b;
                cout << "Entrez deux nombres : ";
                cin >> a >> b;
                cout << "La somme est : " << a + b << endl;
                break;
            }
            case 3:
                cout << "Au revoir !" << endl;
                break;
            default:
                cout << "Choix non valide. Veuillez réessayer." << endl;
        }
    } while (choix != 3);

    return 0;
}
```

Explication :

- Le menu est affiché dans une boucle do-while qui continue jusqu'à ce que l'utilisateur choisisse l'option 3 pour quitter.
- Le switch gère chaque choix avec case.
- Si l'utilisateur entre un choix invalide, le default affiche un message d'erreur.

Exercice 2 : Jeu de Devinettes

Dans cet exercice, vous allez créer un jeu de devinettes où l'utilisateur doit deviner un nombre secret entre 1 et 10. Le programme continue tant que l'utilisateur n'a pas trouvé le bon nombre.

Objectif :

- Générer un nombre aléatoire entre 1 et 10.

- Demander à l'utilisateur de deviner le nombre.
- Donner des indices pour aider l'utilisateur.
- Terminer le jeu lorsque le nombre est trouvé.

Exemple de Code :

```
#include <iostream>
#include <cstdlib>  // pour rand() et srand()
#include <ctime>    // pour time()
using namespace std;

int main() {
    srand(time(0));  // Initialise la génération aléatoire
    int nombreSecret = rand() % 10 + 1;  // Nombre entre 1 et 10
    int devine;

    cout << "Jeu de devinettes ! Devinez le nombre secret entre 1 et 10." << endl;

    while (true) {
        cout << "Entrez votre devinette : ";
        cin >> devine;

        if (devine == nombreSecret) {
            cout << "Félicitations ! Vous avez deviné le bon nombre." << endl;
            break;
        } else if (devine < nombreSecret) {
            cout << "C'est plus grand." << endl;
        } else {
            cout << "C'est plus petit." << endl;
        }
    }

    return 0;
}
```

Explication :

- La fonction rand() génère un nombre aléatoire, et srand(time(0)) initialise la graine de manière aléatoire à chaque exécution.
- La boucle while continue jusqu'à ce que l'utilisateur devine le nombre secret.
- Si l'utilisateur entre un nombre trop bas ou trop élevé, le programme lui donne un indice.

Exercice 3 : Calculatrice Simple avec Boucle

Cet exercice permet de créer une calculatrice qui peut effectuer des opérations répétées sans fermer le programme.

Objectif :

- Demander à l'utilisateur d'entrer deux nombres et une opération.
- Effectuer l'opération demandée.
- Redemander à l'utilisateur s'il veut faire un autre calcul ou quitter.

Exemple de Code :

```
#include <iostream>
using namespace std;

int main() {
    char continuer;

    do {
        double nombre1, nombre2;
        char operateur;

        cout << "Entrez le premier nombre : ";
        cin >> nombre1;
        cout << "Entrez l'opérateur (+, -, *, /) : ";
        cin >> operateur;
        cout << "Entrez le second nombre : ";
        cin >> nombre2;

        switch (operateur) {
            case '+':
                cout << "Résultat : " << nombre1 + nombre2 << endl;
                break;
            case '-':
                cout << "Résultat : " << nombre1 - nombre2 << endl;
                break;
            case '*':
                cout << "Résultat : " << nombre1 * nombre2 << endl;
                break;
            case '/':
                if (nombre2 != 0) {
                    cout << "Résultat : " << nombre1 / nombre2 << endl;
                } else {
                    cout << "Erreur : Division par zéro !" << endl;
                }
                break;
            default:
                cout << "Opérateur non valide !" << endl;
        }

        cout << "Voulez-vous effectuer un autre calcul ? (o/n) : ";
        cin >> continuer;
    } while (continuer == 'o' || continuer == 'O');

    cout << "Merci d'avoir utilisé la calculatrice !" << endl;

    return 0;
}
```

Explication :

- La boucle do-while permet d'effectuer plusieurs calculs.
- Le switch gère les différents opérateurs (+, -, *, /).
- À la fin de chaque calcul, l'utilisateur peut choisir de continuer ou de quitter.

Exercice 4 : Affichage des Nombres Impairs entre 1 et un Nombre Choisi

Cet exercice permet d'afficher les nombres impairs entre 1 et un nombre choisi par l'utilisateur. Il utilise continue pour ignorer les nombres pairs.

Objectif :

- Demander à l'utilisateur de saisir un nombre.
- Afficher tous les nombres impairs de 1 jusqu'à ce nombre.

Exemple de Code :

```
#include <iostream>
using namespace std;

int main() {
    int limite;
    cout << "Entrez un nombre limite : ";
    cin >> limite;

    for (int i = 1; i <= limite; i++) {
        if (i % 2 == 0) {
            continue; // Ignore les nombres pairs
        }
        cout << i << " ";
    }

    cout << endl << "Fin de l'affichage des nombres impairs." << endl;
    return 0;
}
```

Explication :

- La boucle for parcourt les nombres de 1 jusqu'à la limite choisie.
- Continue saute les nombres pairs, ce qui permet d'afficher uniquement les nombres impairs.

Ces exercices montrent comment utiliser les conditions, les boucles, break, et continue pour créer des programmes interactifs et dynamiques. Ils aident à comprendre comment structurer le flux d'exécution d'un programme pour répondre à différentes situations.

QCM : Structures de Contrôle en C++

Introduction

Ce questionnaire à choix multiples (QCM) couvre les structures de contrôle en C++, notamment les instructions conditionnelles, les boucles et les mots-clés pour gérer les flux d'exécution. Il est divisé en trois niveaux :

- **Niveau 1 : Débutant** - Questions sur les instructions conditionnelles et les bases des boucles.
- **Niveau 2 : Intermédiaire** - Questions sur les boucles avancées et le contrôle des flux.
- **Niveau 3 : Avancé** - Questions sur des scénarios complexes impliquant plusieurs structures de contrôle.

Testez vos connaissances et identifiez les domaines nécessitant une amélioration. Bonne chance !

Niveau 1 : Débutant

1. Quel mot-clé est utilisé pour une condition en C++ ?
   - ☐ a) `if`
   - ☐ b) `for`
   - ☐ c) `while`
   - ☐ d) `case`
2. Quelle est la sortie suivante ?

```
if (5 > 3) {
    cout << "Vrai";
} else {
    cout << "Faux";
}
```

- ☐ a) Vrai
- ☐ b) Faux
- ☐ c) Erreur de compilation
- ☐ d) Aucun affichage

3. Quelle instruction permet de tester plusieurs cas en C++ ?
   - ☐ a) `if`
   - ☐ b) `else`
   - ☐ c) `switch`
   - ☐ d) `while`
4. Quelle est la valeur de la variable x après l'exécution suivante ?

```
int x = 10;
if (x > 5) {
    x = x - 5;
}
```

- ☐ a) 5
- ☐ b) 10
- ☐ c) 15
- ☐ d) 0

5. Que fait cette boucle ?

```
for (int i = 0; i < 5; i++) {
    cout << i << " ";
}
```

- ☐ a) Affiche 0 1 2 3 4
- ☐ b) Affiche 1 2 3 4 5
- ☐ c) Erreur de compilation
- ☐ d) Rien

6. Quel est l'objectif de l'instruction `else if` ?
    - ☐ a) Tester une alternative si la première condition est fausse
    - ☐ b) Exécuter une boucle infinie
    - ☐ c) Arrêter l'exécution
    - ☐ d) Tester uniquement la première condition
7. Quelle est la différence entre `while` et `do-while` ?
    - ☐ a) `while` teste d'abord la condition
    - ☐ b) `do-while` exécute au moins une fois avant de tester
    - ☐ c) Les deux sont identiques
    - ☐ d) `while` ne peut pas gérer de boucle infinie
8. Quelle boucle est utilisée pour un nombre fixe d'itérations ?
    - ☐ a) `while`
    - ☐ b) `do-while`
    - ☐ c) `for`
    - ☐ d) `switch`
9. Que produit ce code ?

```
int i = 0;
do {
    cout << i << " ";
    i++;
} while (i < 3);
```

- ☐ a) 0 1 2
- ☐ b) 1 2 3

☐ c) Erreur

☐ d) 0 1 2 3

10. Que fait l'instruction break ?

    ☐ a) Termine une boucle immédiatement

    ☐ b) Passe à l'itération suivante

    ☐ c) Arrête le programme

    ☐ d) Redémarre la boucle

Niveau 2 : Intermédiaire

11. Quelle est la valeur finale de x ?

```
int x = 0;
for (int i = 1; i <= 5; i++) {
    x += i;
}
```

```
- [ ] a) 10
- [ ] b) 15
- [ ] c) 20
- [ ] d) 5
```

12. Que retourne cette expression ?

```
switch (2) {
    case 1: cout << "Un"; break;
    case 2: cout << "Deux"; break;
    default: cout << "Autre";
}
```

```
- [ ] a) Un
- [ ] b) Deux
- [ ] c) Autre
- [ ] d) Erreur
```

13. Quelle boucle s'exécute au moins une fois ?

    ☐ a) for

    ☐ b) while

    ☐ c) do-while

    ☐ d) switch

14. Que produit ce code ?

```
for (int i = 1; i <= 3; i++) {
    if (i == 2) continue;
    cout << i;
}
```

```
- [ ] a) 123
- [ ] b) 13
- [ ] c) 12
- [ ] d) 23
```

15. Que fait `continue` dans une boucle ?

- ☐ a) Termine la boucle
- ☐ b) Ignore l'itération actuelle et passe à la suivante
- ☐ c) Arrête le programme
- ☐ d) Revient au début

16. Que produit ce code ?

```
int x = 5;
while (x > 0) {
    cout << x << " ";
    x -= 2;
}
```

```
- [ ] a) 5 3 1
- [ ] b) 4 2 0
- [ ] c) 5 4 3 2 1
- [ ] d) 5 3
```

17. Comment fonctionne l'opérateur ternaire ?

```
int a = 5;
int b = (a > 3) ? 1 : 0;
```

```
- [ ] a) b vaut 1 si a > 3, sinon 0
- [ ] b) b vaut 0 si a > 3, sinon 1
- [ ] c) Erreur de compilation
- [ ] d) b vaut toujours 1
```

18. Que fait cette instruction ?

```
if (x > 0 && y < 10)
    cout << "Valide";
```

```
- [ ] a) Affiche "Valide" si x > 0 et y < 10
- [ ] b) Affiche "Valide" si x > 0 ou y < 10
- [ ] c) Affiche toujours "Valide"
- [ ] d) Ne compile pas sans accolades
```

19. Quel est le résultat de ce code ?

```
int count = 0;
while (count < 5)
    count++;
cout << count;
```

```
- [ ] a) 4
- [ ] b) 5
- [ ] c) 6
- [ ] d) Boucle infinie
```

20. Comment fonctionne le switch sans break ?

```
switch(1) {
    case 1: cout << "A";
    case 2: cout << "B";
    default: cout << "C";
}
```

```
- [ ] a) Affiche A
- [ ] b) Affiche ABC
```

```
- [ ] c) Affiche AB
- [ ] d) Erreur de compilation
```

Niveau 3 : Avancé

21. Combien d'itérations seront exécutées ?

```
for (int i = 0; i < 10; i += 2) {
    cout << i;
}

- [ ] a) 5
- [ ] b) 10
- [ ] c) 6
- [ ] d) 4
```

22. Quelle sortie produit ce code ?

```
int i = 0;
while (i++ < 3) {
    cout << i;
}

- [ ] a) 123
- [ ] b) 012
- [ ] c) 345
- [ ] d) 1234
```

23. Quel est l'effet d'une boucle infinie ?

- ☐ a) Bloque l'exécution
- ☐ b) Termine le programme
- ☐ c) Continue à l'infini sans condition d'arrêt
- ☐ d) Génère une erreur

24. Que fait ce code avec les flags ?

```
bool flag1 = true, flag2 = false;
if (flag1 || (flag2 && flag1)) {
    cout << "OK";
}

- [ ] a) Affiche toujours "OK"
- [ ] b) N'affiche jamais "OK"
- [ ] c) Affiche "OK" seulement si flag2 est vrai
- [ ] d) Erreur de compilation
```

25. Quelle est la particularité de cette boucle ?

```
for (;;) {
    if (x > 10) break;
    x++;
}

- [ ] a) Boucle infinie avec condition de sortie
- [ ] b) Ne compile pas
- [ ] c) S'arrête après 10 itérations
- [ ] d) Équivalent à while(true)
```

26. Comment fonctionne l'évaluation court-circuit ?

```
if (x != 0 && 10/x > 2) {
    cout << "Valide";
}
```

```
- [ ] a) Évite la division par zéro si x est 0
- [ ] b) Cause toujours une erreur si x est 0
- [ ] c) Évalue toujours les deux conditions
- [ ] d) N'évalue jamais la deuxième condition
```

27. Que produit cette boucle imbriquée ?

```
for (int i = 0; i < 2; i++) {
    for (int j = 0; j < 2; j++) {
        if (i == j) continue;
        cout << i << j << " ";
    }
}
```

```
- [ ] a) 01 10
- [ ] b) 00 11
- [ ] c) 01 10 11
- [ ] d) 00 01 10 11
```

28. Comment fonctionne le goto ?

```
int i = 0;
start:
if (i < 2) {
    i++;
    goto start;
}
```

```
- [ ] a) Crée une boucle qui s'exécute 2 fois
- [ ] b) Cause une erreur de compilation
- [ ] c) Crée une boucle infinie
- [ ] d) Ne fait rien
```

29. Que fait cette structure conditionnelle ?

```
if (int x = fonction(); x > 0) {
    cout << x;
}
```

```
- [ ] a) Déclare et teste x en une ligne (C++17)
- [ ] b) Ne compile pas
- [ ] c) Erreur de syntaxe
- [ ] d) Teste x puis le déclare
```

30. Quel est l'intérêt du switch par rapport aux if/else ?

- ☐ a) Plus performant pour de nombreux cas
- ☐ b) Accepte des expressions complexes
- ☐ c) Permet les comparaisons flottantes
- ☐ d) Autorise plusieurs conditions par case

Conclusion

Ce QCM vous permet d'évaluer vos compétences sur les structures de contrôle en C++. Entraînez-vous avec des exemples supplémentaires pour renforcer votre compréhension et développez des projets impliquant des conditions complexes et des boucles imbriquées. Bonne continuation!

Corrigé détaillé du QCM - Structures de Contrôle en C++

Niveau 1 : Débutant

Question 1 : Mot-clé pour une condition

✓ **Réponse correcte : a) `if`** - Le mot-clé `if` est l'instruction fondamentale pour créer une condition en C++ - Il permet d'exécuter du code uniquement si une condition est vraie

Question 2 : Sortie du code conditionnel

✓ **Réponse correcte : a) Vrai**

```
if (5 > 3) {
    cout << "Vrai";
} else {
    cout << "Faux";
}
```

- L'expression `5 > 3` est évaluée à `true`
- Le bloc dans le `if` est donc exécuté, affichant "Vrai"

Question 3 : Test de plusieurs cas

✓ **Réponse correcte : c) `switch`** - `switch` permet de tester une variable contre plusieurs valeurs - Plus efficace que plusieurs `if/else` pour comparer une seule variable - Idéal pour les menus et les sélections multiples

Question 4 : Modification de variable dans une condition

✓ **Réponse correcte : a) 5**

```
int x = 10;
if (x > 5) {
    x = x - 5;
}
```

- x est initialement 10
- La condition `x > 5` est vraie
- x est diminué de 5, donnant 5

Question 5 : Résultat de la boucle for

✓ **Réponse correcte : a) Affiche 0 1 2 3 4**

```
for (int i = 0; i < 5; i++) {
    cout << i << " ";
}
```

- La boucle commence à 0
- S'exécute tant que i < 5
- Incrémente i à chaque itération
- Affiche chaque valeur de i

Question 6 : Utilisation de else if

✓ **Réponse correcte : a) Tester une alternative si la première condition est fausse** - `else if` permet de chaîner plusieurs conditions - Chaque condition n'est testée que si les précédentes sont fausses - Optimise l'exécution en évitant des tests inutiles

Question 7 : Différence while vs do-while

✓ **Réponse correcte : b) do-while exécute au moins une fois avant de tester** - `while` teste la condition avant d'exécuter - `do-while` exécute une première fois puis teste - Garantit au moins une exécution du bloc

Question 8 : Boucle pour nombre fixe d'itérations

✓ **Réponse correcte : c) `for`** - `for` est conçu pour un nombre connu d'itérations - Regroupe initialisation, condition et incrémentation - Structure claire et concise

Question 9 : Résultat du do-while

✓ **Réponse correcte : a) 0 1 2**

```
int i = 0;
do {
    cout << i << " ";
    i++;
} while (i < 3);
```

- Premier passage : affiche 0
- Deuxième passage : affiche 1
- Troisième passage : affiche 2
- S'arrête car i = 3

Question 10 : Fonction de break

✓ **Réponse correcte : a) Termine une boucle immédiatement** - break sort immédiatement de la boucle - Ignore les itérations restantes - Utile pour les sorties conditionnelles

---

Niveau 2 : Intermédiaire

Question 11 : Somme dans une boucle

✓ **Réponse correcte : b) 15**

```
int x = 0;
for (int i = 1; i <= 5; i++) {
    x += i;
}
```

- Additionne les nombres de 1 à 5
- 1 + 2 + 3 + 4 + 5 = 15

Question 12 : Expression switch

✓ **Réponse correcte : b) Deux**

```
switch (2) {
    case 1: cout << "Un"; break;
    case 2: cout << "Deux"; break;
    default: cout << "Autre";
}
```

- La valeur 2 correspond au deuxième case
- Le break empêche l'exécution du default

Question 13 : Boucle avec exécution garantie

✓ **Réponse correcte : c) do-while** - Seul `do-while` garantit une exécution - Les autres boucles testent avant d'exécuter - Utile quand une première exécution est nécessaire

Question 14 : Effet du continue

✓ **Réponse correcte : b) 13**

```
for (int i = 1; i <= 3; i++) {
    if (i == 2) continue;
    cout << i;
}
```

- i=1 : affiche 1
- i=2 : continue saute l'affichage
- i=3 : affiche 3

Question 15 : Fonction du continue

✓ **Réponse correcte : b) Ignore l'itération actuelle et passe à la suivante** - `continue` saute le reste de l'itération - Passe directement à l'itération suivante - Maintient la boucle en cours

Question 16 : Décrément dans while

✓ **Réponse correcte : a) 5 3 1**

```
int x = 5;
while (x > 0) {
    cout << x << " ";
    x -= 2;
}
```

- Commence à 5
- Soustrait 2 à chaque fois
- S'arrête quand $x \leq 0$

Question 17 : Opérateur ternaire

✓ **Réponse correcte : a) b vaut 1 si a > 3, sinon 0**

```
int a = 5;
int b = (a > 3) ? 1 : 0;
```

- Condition : a > 3 est vraie
- Valeur si vrai : 1
- Valeur si faux : 0

Question 18 : Condition avec ET logique

✓ **Réponse correcte : a) Affiche "Valide" si x > 0 et y < 10**

```
if (x > 0 && y < 10)
    cout << "Valide";
```

- Les deux conditions doivent être vraies
- L'opérateur && exige que toutes les conditions soient vraies

Question 19 : Résultat de la boucle while

✓ **Réponse correcte : b) 5**

```
int count = 0;
while (count < 5)
    count++;
cout << count;
```

- Incrémente jusqu'à ce que count = 5
- S'arrête quand count atteint 5
- Affiche la valeur finale 5

Question 20 : Switch sans break

✓ **Réponse correcte : b) Affiche ABC**

```
switch(1) {
    case 1: cout << "A";
    case 2: cout << "B";
    default: cout << "C";
}
```

- Entre dans case 1

- Continue l'exécution sans break
- Exécute tous les cas suivants

Niveau 3 : Avancé

Question 21 : Nombre d'itérations

✓ **Réponse correcte : a) 5**

```
for (int i = 0; i < 10; i += 2) {
    cout << i;
}
```

- Valeurs de i : 0, 2, 4, 6, 8
- 5 itérations au total

Question 22 : Post-incrémentation dans while

✓ **Réponse correcte : a) 123**

```
int i = 0;
while (i++ < 3) {
    cout << i;
}
```

- i est testé puis incrémenté
- Affiche la valeur après incrémentation

Question 23 : Boucle infinie

✓ **Réponse correcte : c) Continue à l'infini sans condition d'arrêt** - Absence de condition de sortie - Exécution continue sans fin - Nécessite intervention externe pour s'arrêter

Question 24 : Flags et opérateurs logiques

✓ **Réponse correcte : a) Affiche toujours "OK"**

```
bool flag1 = true, flag2 = false;
if (flag1 || (flag2 && flag1)) {
    cout << "OK";
}
```

- flag1 est vrai, donc l'expression OR est vraie
- Court-circuit : la deuxième partie n'est pas évaluée

Question 25 : Boucle for vide

✓ **Réponse correcte : a) Boucle infinie avec condition de sortie**

```
for (;;) {
    if (x > 10) break;
    x++;
}
```

- Boucle sans condition d'arrêt
- Break permet de sortir si x > 10
- Équivalent à while(true)

Question 26 : Évaluation court-circuit

✓ **Réponse correcte : a) Évite la division par zéro si x est 0**

```
if (x != 0 && 10/x > 2) {
    cout << "Valide";
}
```

- Si x == 0, la deuxième condition n'est pas évaluée
- Protège contre la division par zéro

Question 27 : Boucles imbriquées avec continue

✓ **Réponse correcte : a) 01 10**

```
for (int i = 0; i < 2; i++) {
    for (int j = 0; j < 2; j++) {
        if (i == j) continue;
        cout << i << j << " ";
    }
}
```

- Saute les cas où i == j (00 et 11)
- Affiche uniquement les cas croisés

Question 28 : Utilisation de goto

✓ **Réponse correcte : a) Crée une boucle qui s'exécute 2 fois**

```
int i = 0;
start:
if (i < 2) {
    i++;
    goto start;
}
```

- Simule une boucle avec goto
- S'arrête quand i atteint 2

Question 29 : Initialisation dans if (C++17)

✓ **Réponse correcte : a) Déclare et teste x en une ligne (C++17)**

```
if (int x = fonction(); x > 0) {
    cout << x;
}
```

- Nouvelle syntaxe C++17
- Combine initialisation et test
- Limite la portée de x

Question 30 : Avantage du switch

✓ **Réponse correcte : a) Plus performant pour de nombreux cas** - Optimisé pour plusieurs comparaisons - Utilise une table de saut - Plus efficace que if/else en chaîne

---

Conclusion

Ce corrigé détaillé explique chaque réponse en profondeur et fournit les concepts clés associés. Pour maîtriser ces structures de contrôle, il est recommandé de : - Pratiquer avec des exercices variés - Tester différentes combinaisons de conditions - Comprendre les cas d'utilisation de chaque structure - S'entraîner à optimiser le code avec les bonnes structures

Glossaire - Structures de Contrôle en C++

Instructions Conditionnelles :

- if : Permet d'exécuter un bloc de code si une condition est vraie.
- else if : Vérifie des conditions alternatives si la première est fausse.
- else : Fournit un bloc d'exécution par défaut lorsque toutes les conditions précédentes sont fausses.

Switch Case :

- switch : Évalue une variable et exécute différents blocs de code en fonction de sa valeur.
- case : Définit un bloc de code exécuté si la valeur de la variable correspond au cas spécifié.
- break : Termine l'exécution d'un cas dans un `switch` et empêche de continuer dans les cas suivants.
- default : Bloc de code exécuté si aucun des cas spécifiés ne correspond.

Boucles :

- for : Boucle utilisée pour répéter un bloc de code un nombre spécifique de fois.
- while : Répète un bloc de code tant qu'une condition est vraie.
- do-while : Exécute un bloc de code au moins une fois, puis continue tant qu'une condition est vraie.

Contrôle des Boucles :

- break : Interrompt l'exécution d'une boucle ou d'un `switch` en cours.
- continue : Passe à l'itération suivante d'une boucle, ignorant les instructions restantes dans l'itération actuelle.

Concepts Clés :

- Bloc de code : Groupe d'instructions délimité par des accolades `{}`.
- Condition : Expression évaluée à `true` ou `false` pour déterminer l'exécution d'un bloc de code.
- Boucle infinie : Boucle sans condition d'arrêt explicite, souvent utilisée avec `while(true)` ou un `for` sans limite définie.
- Instructions imbriquées : Structures de contrôle placées à l'intérieur d'autres structures de contrôle pour gérer des flux complexes.

Applications Pratiques :

- Menu interactif : Utilise des boucles et des instructions conditionnelles pour naviguer dans des options.
- Simulation de jeu : Implémente des séquences répétitives et des conditions dynamiques pour des simulations interactives.

Ce glossaire fournit des définitions claires et précises pour faciliter l'apprentissage et la compréhension des structures de contrôle en C++. Utilisez-le comme référence rapide lors de vos exercices et projets pratiques.

5. Fonctions en C++ (3 heures)

Définition et Appel de Fonctions : Déclaration, paramètres, et retour de valeurs.

Les fonctions sont des blocs de code autonomes conçus pour effectuer une tâche spécifique. Elles permettent de structurer le code en le rendant plus lisible et modulaire, facilitant ainsi sa réutilisation et sa maintenance. Une fonction peut recevoir des paramètres, exécuter des opérations, et renvoyer un résultat.

Structure d'une Fonction en C++

Une fonction en C++ se compose de trois éléments principaux :
- Déclaration : La signature de la fonction (son nom, son type de retour et ses paramètres).
- Définition : Le code qui implémente la fonction.
- Appel : L'exécution de la fonction.

Déclaration de Fonction

La déclaration d'une fonction (ou prototype de fonction) indique au compilateur le nom de la fonction, les types de ses paramètres, et son type de retour. La déclaration est généralement placée avant la fonction main().

Syntaxe de Déclaration

```
type_retour nom_fonction(type_param1 param1, type_param2 param2, ...);
```

- **type_retour** : Le type de la valeur retournée par la fonction (par exemple int, float, void si elle ne retourne rien).
- **nom_fonction** : Le nom de la fonction, utilisé pour l'appeler.
- **type_param1 param1** : Les paramètres avec leurs types respectifs, séparés par des virgules.

Exemple de Déclaration

```
int addition(int a, int b);
```

Dans cet exemple, la fonction addition prend deux paramètres de type int et retourne un int.

Définition de Fonction

La **définition** d'une fonction contient le code qui sera exécuté lorsque la fonction est appelée. Elle doit correspondre à la déclaration (même nom, mêmes types de paramètres et même type de retour).

Syntaxe de Définition

```
type_retour nom_fonction(type_param1 param1, type_param2 param2, ...) {
    // Code à exécuter
    return valeur; // Optionnel si le type de retour est void
}
```

Exemple

```
int addition(int a, int b) {
    return a + b;
}
```

Dans cet exemple :

- addition est une fonction qui additionne deux nombres et retourne le résultat.
- La fonction retourne le résultat de a + b avec return.

Appel de Fonction

L'**appel** d'une fonction consiste à exécuter le code de la fonction en fournissant les arguments requis.

Syntaxe de l'Appel

nom_fonction(argument1, argument2, ...);

Exemple d'Appel

```
#include <iostream>
using namespace std;

int addition(int a, int b) {
    return a + b;
}

int main() {
    int resultat = addition(5, 3); // Appel de la fonction addition
    cout << "Le résultat est : " << resultat << endl;
    return 0;
}
```

Dans cet exemple :

- La fonction addition est appelée avec les arguments 5 et 3.
- Le résultat de l'addition est stocké dans resultat, puis affiché.

Fonctions avec et sans Retour de Valeur

Une fonction peut ou non retourner une valeur, selon le besoin. Si une fonction ne retourne rien, son type de retour est void.

Syntaxe de l'Appel

nom_fonction(argument1, argument2, ...);

Exemple d'Appel

```
#include <iostream>
using namespace std;

int addition(int a, int b) {
    return a + b;
}

int main() {
    int resultat = addition(5, 3); // Appel de la fonction addition
    cout << "Le résultat est : " << resultat << endl;
    return 0;
}
```

Dans cet exemple :

- La fonction addition est appelée avec les arguments 5 et 3.
- Le résultat de l'addition est stocké dans resultat, puis affiché.

Fonctions avec et sans Retour de Valeur

Une fonction peut ou non retourner une valeur, selon le besoin. Si une fonction ne retourne rien, son type de retour est void.

Exemple de Fonction sans Retour (void)

```
void afficherMessage() {
  cout << "Bonjour, bienvenue dans le programme !" << endl;
}

int main() {
  afficherMessage(); // Appel de la fonction
  return 0;
}
```

Dans cet exemple :

- La fonction afficherMessage ne prend pas de paramètre et n'a pas de valeur de retour.
- Elle affiche simplement un message à l'écran.

Fonctions avec Paramètres

Les paramètres permettent de transmettre des valeurs à une fonction. Ces valeurs, appelées **arguments**, sont utilisées dans la fonction pour effectuer des opérations.

Exemple de Fonction avec Paramètres

```
#include <iostream>
using namespace std;

void afficherSomme(int a, int b) {
    int somme = a + b;
    cout << "La somme de " << a << " et " << b << " est : " << somme << endl;
}

int main() {
    afficherSomme(10, 15); // Appel avec 10 et 15 comme arguments
    return 0;
}
```

Dans cet exemple :

- afficherSomme prend deux paramètres a et b.
- Lors de l'appel, 10 et 15 sont passés comme arguments, et la fonction affiche leur somme.

Retourner des Valeurs avec return

Une fonction peut retourner une valeur au programme appelant en utilisant l'instruction return. Le type de retour doit correspondre au type spécifié dans la déclaration de la fonction.

Exemple de Fonction avec Retour de Valeur

```
#include <iostream>
using namespace std;

double multiplier(double x, double y) {
    return x * y;
}

int main() {
    double resultat = multiplier(5.5, 4.2);
    cout << "Le produit est : " << resultat << endl;
    return 0;
}
```

Dans cet exemple :

- Multiplier retourne le produit de x et y avec return.
- Le résultat est stocké dans resultat et affiché.

Élément	Description
Déclaration	Indique le type de retour, le nom de la fonction, et les types de paramètres.
Définition	Contient le code de la fonction, s'exécute lors de l'appel.
Appel	Exécute la fonction en fournissant les arguments nécessaires.
Paramètres	Valeurs passées à la fonction pour utilisation dans son code.
Retour	return envoie une valeur de retour au programme appelant.

Ces bases des fonctions en C++ permettent de diviser le programme en plusieurs blocs logiques, rendant le code plus clair, plus modulaire et plus facile à maintenir.

Surcharge de Fonctions en C++ : Utilisation de Fonctions portant le Même Nom mais avec Différents Types de Paramètres

La surcharge de fonctions en C++ permet de définir plusieurs fonctions portant le même nom, mais avec des listes de paramètres différentes. Cela permet d'appeler la fonction avec des arguments différents sans devoir inventer de nouveaux noms pour des fonctions similaires.

Principe de la Surcharge de Fonctions

En C++, une fonction peut être surchargée en modifiant le nombre ou le type de ses paramètres. Le compilateur distingue les fonctions surchargées en fonction de leurs signatures, qui incluent le nom de la fonction et les types et nombre de paramètres.

Règles pour la Surcharge :

- Les fonctions doivent avoir le même nom.
- Les paramètres doivent différer par leur nombre, leurs types, ou l'ordre des types.
- La surcharge ne peut pas être faite uniquement en modifiant le type de retour.

Exemple de Surcharge de Fonction : Calcul de la Somme

Imaginons que nous souhaitions créer plusieurs versions d'une fonction somme pour additionner différents types de valeurs.

```cpp
#include <iostream>
using namespace std;

// Surcharge de fonction somme pour les entiers
int somme(int a, int b) {
    return a + b;
}

// Surcharge de fonction somme pour les nombres décimaux
double somme(double a, double b) {
    return a + b;
}

// Surcharge de fonction somme pour trois entiers
int somme(int a, int b, int c) {
    return a + b + c;
}

int main() {
    cout << "Somme de 3 et 4 (entiers) : " << somme(3, 4) << endl;
    cout << "Somme de 3.5 et 4.2 (doubles) : " << somme(3.5, 4.2) << endl;
    cout << "Somme de 1, 2 et 3 (trois entiers) : " << somme(1, 2, 3) << endl;
    return 0;
}
```

Explication :

- La fonction somme est définie trois fois, mais avec des paramètres différents :
  - somme(int, int) : additionne deux entiers.
  - somme(double, double) : additionne deux nombres à virgule flottante.
  - somme(int, int, int) : additionne trois entiers.
- Lors de l'appel, le compilateur choisit la version de somme en fonction des arguments fournis.

Sortie :

Somme de 3 et 4 (entiers) : 7
Somme de 3.5 et 4.2 (doubles) : 7.7
Somme de 1, 2 et 3 (trois entiers) : 6

Cas d'Utilisation de la Surcharge de Fonctions

1. **Opérations Mathématiques** : Définir des fonctions pour effectuer les mêmes opérations avec différents types de données, comme l'addition, la soustraction, etc.
2. **Affichage** : Créer des fonctions d'affichage adaptées pour des types de données différents (par exemple, afficher(int), afficher(double), afficher(string)).
3. **Conversions et Manipulations** : Utiliser la surcharge pour manipuler des objets en fonction de leur type, comme dans le cas de la surcharge des constructeurs.

Exemple : Affichage de Différents Types
Ici, nous créons plusieurs versions d'une fonction afficher pour afficher des messages adaptés aux différents types de paramètres.

```
#include <iostream>
#include <string>
using namespace std;

void afficher(int nombre) {
    cout << "Entier : " << nombre << endl;
}

void afficher(double nombre) {
    cout << "Nombre décimal : " << nombre << endl;
}

void afficher(string texte) {
    cout << "Texte : " << texte << endl;
}

int main() {
    afficher(5);            // Appelle afficher(int)
    afficher(3.14);         // Appelle afficher(double)
    afficher("Bonjour");    // Appelle afficher(string)
    return 0;
}
```

Explication :

- La fonction afficher est surchargée pour accepter un int, un double, et un string.
- Le compilateur sélectionne la fonction appropriée en fonction de l'argument passé.

Sortie :
Entier : 5
Nombre décimal : 3.14
Texte : Bonjour

Limites de la Surcharge de Fonctions

- **Type de Retour** : La surcharge ne peut pas être effectuée uniquement en modifiant le type de retour. Les signatures doivent différer par les paramètres.
    - Exemple invalide :

```
int fonction(int x);      // Déclaration valide
double fonction(int x);   // Erreur : type de retour différent, mais même signature
```

- **Ambiguïté** : Si les paramètres sont trop similaires ou peuvent être convertis implicitement, cela peut créer des conflits et des erreurs de compilation.
- Exemple d'ambiguïté :

```
void afficher(int x);
void afficher(double x);
```

```
afficher(5); // Quelle fonction appeler ? `afficher(int)` ou
`afficher(double)` ?
```

Résumé : Surcharge de Fonctions en C++

Élément	Description
Définition	Utiliser le même nom de fonction avec des paramètres différents.
Conditions	Différence par le nombre, type, ou ordre des paramètres.
Cas d'utilisation	Opérations similaires sur différents types de données.
Avantage	Facilite l'utilisation des fonctions sans multiplier les noms.
Limites	Ne peut pas surcharger uniquement par type de retour et peut créer des ambiguïtés si les paramètres sont similaires.

La surcharge de fonctions en C++ rend le code plus flexible et modulaire, en permettant d'adapter une même fonction pour différents types ou combinaisons de paramètres. Elle est très utile dans la programmation orientée objet et dans les bibliothèques standard où des opérations similaires doivent être appliquées sur des types de données variés.

Portée des Variables en C++ : Variables Locales, Globales, et Classe de Stockage `static`

La portée d'une variable détermine où et pendant combien de temps elle peut être utilisée dans le programme. En C++, la portée des variables se divise principalement en variables locales et variables globales. De plus, le mot-clé `static` offre une classe de stockage particulière qui modifie le comportement des variables en termes de persistance.

Variables Locales

Les variables locales sont déclarées à l'intérieur d'une fonction ou d'un bloc de code (comme un `if`, `for`, etc.). Elles sont accessibles uniquement dans cette fonction ou ce bloc et sont détruites une fois ce dernier terminé.

Caractéristiques des Variables Locales :

- **Portée** : Limitée au bloc où elles sont déclarées.
- **Durée de Vie** : Créées lors de l'appel de la fonction et détruites à la fin de celle-ci.
- **Utilisation** : Utilisées pour stocker des valeurs temporaires spécifiques à une fonction.

Exemple de Variables Locales :

```
#include <iostream>
using namespace std;

void afficherSomme(int a, int b) {
    int somme = a + b; // somme est une variable locale
    cout << "La somme est : " << somme << endl;
} // somme est détruite ici

int main() {
    afficherSomme(5, 3);
    return 0;
}
```

Dans cet exemple :

- **Somme** est une variable locale à la fonction **afficherSomme**.
- Elle est créée lorsqu'on appelle **afficherSomme** et détruite lorsque l'exécution de la fonction se termine.

Variables Globales

Les **variables globales** sont déclarées en dehors de toute fonction, généralement en haut du programme. Elles sont accessibles depuis toutes les fonctions du programme, ce qui signifie qu'elles ont une portée globale.

Caractéristiques des Variables Globales :

- **Portée** : Accessible dans tout le programme après leur déclaration.
- **Durée de Vie** : Existent pendant toute la durée de l'exécution du programme.
- **Utilisation** : Utilisées pour des valeurs ou des états partagés entre plusieurs fonctions.

Exemple de Variable Globale :

```
#include <iostream>
using namespace std;

int compteur = 0; // Variable globale

void incrementerCompteur() {
    compteur++;
    cout << "Compteur : " << compteur << endl;
}

int main() {
    incrementerCompteur();
    incrementerCompteur();
    return 0;
}
```

Dans cet exemple :

- Compteur est une variable globale accessible dans toutes les fonctions.
- Elle est modifiée à chaque appel de incrementerCompteur, et la valeur est conservée entre les appels.

Classe de Stockage `static`

Le mot-clé static en C++ modifie la durée de vie et/ou la portée d'une variable. Il peut être appliqué à des **variables locales** pour prolonger leur durée de vie au-delà de la fonction où elles sont déclarées, ou à des **variables globales** pour limiter leur portée au fichier dans lequel elles sont déclarées.

a) Variables Locales Statique

Lorsqu'une variable locale est déclarée avec static, elle conserve sa valeur entre les appels successifs de la fonction, même si elle est en dehors de sa portée.

Exemple de Variable Locale Statique :

```
#include <iostream>
using namespace std;

void incrementerStatic() {
    static int compteur = 0; // Variable locale statique
    compteur++;
    cout << "Compteur statique : " << compteur << endl;
}

int main() {
    incrementerStatic(); // Affiche 1
    incrementerStatic(); // Affiche 2
    incrementerStatic(); // Affiche 3
    return 0;
}
```

Dans cet exemple :

- Compteur est déclaré comme static dans incrementerStatic.

- Sa valeur est conservée entre les appels de incrementerStatic, contrairement à une variable locale ordinaire.
- Elle n'est initialisée qu'une seule fois, et non à chaque appel.

b) Variables Globales Statique
Lorsque static est appliqué à une variable globale, cela limite sa portée au fichier dans lequel elle est définie. Elle ne peut pas être utilisée dans d'autres fichiers du même programme.
Exemple de Variable Globale Statique :

```
static int compteurGlobal = 0; // Portée limitée au fichier
```

Dans cet exemple, compteurGlobal est accessible uniquement dans le fichier où elle est définie, même si elle est globale. Cette pratique est utile pour éviter les conflits de noms dans des projets multi-fichiers.

Résumé de la Portée et du Mot-Clé static

Type de Variable	Portée	Durée de Vie	Utilisation
Locale	Limitée au bloc/fonction	Pendant l'exécution du bloc	Valeurs spécifiques à une fonction
Globale	Tout le programme	Toute la durée du programme	Valeurs partagées entre plusieurs fonctions
Locale Statique	Limitée au bloc/fonction	Toute la durée du programme	Valeurs persistantes dans une fonction
Globale Statique	Fichier actuel	Toute la durée du programme	Limite la portée d'une variable globale au fichier

Ce document résume les différents types de variables en fonction de leur portée, leur durée de vie et leur utilisation, notamment pour les variables locales, globales, et les variables statiques. La portée d'une variable définit où elle est accessible dans le code, tandis que sa durée de vie indique combien de temps elle est maintenue en mémoire. Les mots-clés locaux et globaux ont des utilisations spécifiques selon le contexte de programmation.
Le choix entre variables locales, globales, et statiques dépend du contexte et de la persistance requise pour les valeurs stockées. Les variables globales permettent de partager des données entre plusieurs fonctions, mais doivent être utilisées avec prudence pour éviter des effets de bord indésirables. Le mot-clé static est un outil précieux pour gérer la persistance des valeurs et limiter la portée lorsque nécessaire.

Récursivité en C++ : Comprendre et Appliquer la Récursivité

La récursivité est une technique de programmation dans laquelle une fonction s'appelle elle-même pour résoudre un problème. En utilisant la récursivité, un problème complexe peut être divisé en sous-problèmes plus simples. La récursivité est particulièrement utile pour les problèmes qui ont une nature répétitive ou décomposable, comme le calcul de la factorielle, la suite de Fibonacci, ou la recherche dans des structures de données hiérarchiques.

Principe de la Récursivité

Une fonction récursive doit inclure :
- Un Cas de Base : Une condition qui arrête la récursion en fournissant une réponse directe sans appel supplémentaire.
- Une Réduction de Problème : Une partie du code qui décompose le problème et fait appel à la fonction elle-même avec un sous-problème plus petit.

Exemple : Calcul de la Factorielle

La factorielle d'un nombre entier positif `n` (notée `n!`) est le produit de tous les entiers de `1` à `n`. La définition mathématique est :
- n! = n * (n-1) * (n-2) * ... * 1
- Cas de Base : 0! = 1 (par définition)

Cela peut être traduit de manière récursive comme suit :
- n! = n * (n-1)!

Exemple de Fonction Récursive pour Calculer la Factorielle :

```
#include <iostream>
using namespace std;

int factorielle(int n) {
    if (n <= 1) { // Cas de base
        return 1;
    }
    return n * factorielle(n - 1); // Appel récursif
}

int main() {
    int nombre;
    cout << "Entrez un nombre : ";
    cin >> nombre;
    cout << "La factorielle de " << nombre << " est : " << factorielle(nombre) <<
endl;
    return 0;
}
```

Dans cet exemple :

- **Cas de Base** : n <= 1 retourne 1 pour arrêter la récursion.

- **Appel Récursif** : factorielle(n - 1) appelle la fonction avec une valeur inférieure, jusqu'à atteindre le cas de base.
- Lorsque factorielle(nombre) est appelé, chaque niveau de la fonction multiplie le nombre actuel par le résultat de factorielle(n - 1) jusqu'à atteindre n = 1.

Sortie :

```
Entrez un nombre : 5
La factorielle de 5 est : 120
```

Pour n = 5, l'évaluation récursive ressemble à :

```
factorielle(5) = 5 * factorielle(4)
               = 5 * 4 * factorielle(3)
               = 5 * 4 * 3 * factorielle(2)
               = 5 * 4 * 3 * 2 * factorielle(1)
               = 5 * 4 * 3 * 2 * 1
               = 120
```

Comprendre la Pile d'Appels Récursifs

La récursivité fonctionne en utilisant une pile d'appels où chaque appel de fonction est empilé jusqu'à atteindre le cas de base. Ensuite, les appels empilés sont résolus dans l'ordre inverse (du dernier au premier).
Pour factorielle(3), la pile d'appels serait :

1. factorielle(3) appelle factorielle(2)
2. factorielle(2) appelle factorielle(1)
3. factorielle(1) atteint le cas de base et retourne 1
4. factorielle(2) reçoit 1 et retourne 2 * 1 = 2
5. factorielle(3) reçoit 2 et retourne 3 * 2 = 6

Avantages et Inconvénients de la Récursivité

Avantages :
- Facilite la résolution de problèmes complexes en décomposant le problème en sous-problèmes plus simples.
- Utile pour des structures de données comme les arbres ou les graphes.

Inconvénients :
- Peut consommer beaucoup de mémoire si la profondeur de récursion est trop grande.
- Peut être inefficace pour certains problèmes, notamment ceux où de nombreux calculs sont répétés.

Comparaison avec une Solution Itérative

La récursivité est élégante, mais une boucle for peut souvent accomplir la même tâche avec moins de mémoire. Voici un exemple de calcul de la factorielle de façon itérative.
Solution Itérative

```
int factorielleIterative(int n) {
    int resultat = 1;
    for (int i = 1; i <= n; i++) {
        resultat *= i;
    }
    return resultat;
}
```

Dans cet exemple, factorielleIterative calcule la factorielle sans appels récursifs, ce qui peut être plus efficace en termes de mémoire.

Exercice Pratique : Calculer la Factorielle d'un Nombre avec la Récursivité

Objectif : Écrire une fonction récursive factorielle qui prend un entier n et retourne sa factorielle.

1. **Cas de Base** : Si n est 0 ou 1, retourner 1.
2. **Appel Récursif** : Retourner n * factorielle(n - 1) pour réduire progressivement n jusqu'à atteindre le cas de base.

Exemple d'Appel :

```
int main() {
    cout << "Factorielle de 5 : " << factorielle(5) << endl;
}
```

Sortie :
Factorielle de 5 : 120

La récursivité est un concept puissant et élégant pour résoudre des problèmes qui peuvent être naturellement décomposés en sous-problèmes plus petits. Elle doit cependant être utilisée avec précaution pour éviter une consommation excessive de mémoire et des boucles infinies dans les cas où un cas de base clair n'est pas défini.

Exercices : Implémenter des Fonctions pour Modulariser le Code

Ces exercices montrent comment décomposer un programme en fonctions pour rendre le code plus clair, modulaire et facile à maintenir. Chaque exercice implémente plusieurs fonctions pour remplir différentes tâches, y compris un exemple utilisant la récursivité.

Exercice 1 : Calculatrice Modulaire

Objectif :
- Créer des fonctions pour chaque opération : addition, soustraction, multiplication et division.
- Utiliser ces fonctions dans `main` pour réaliser une calculatrice simple.

Exemple de Code :

```
#include <iostream>
using namespace std;

// Fonction pour additionner deux nombres
double addition(double a, double b) {
    return a + b;
}

// Fonction pour soustraire deux nombres
double soustraction(double a, double b) {
    return a - b;
}

// Fonction pour multiplier deux nombres
double multiplication(double a, double b) {
    return a * b;
}

// Fonction pour diviser deux nombres
double division(double a, double b) {
    if (b == 0) {
        cout << "Erreur : Division par zéro !" << endl;
        return 0;
    }
    return a / b;
}

int main() {
    double nombre1, nombre2;
    char operateur;

    cout << "Entrez le premier nombre : ";
    cin >> nombre1;
    cout << "Entrez l'opérateur (+, -, *, /) : ";
    cin >> operateur;
    cout << "Entrez le second nombre : ";
    cin >> nombre2;

    switch (operateur) {
        case '+':
            cout << "Résultat : " << addition(nombre1, nombre2) << endl;
            break;
        case '-':
            cout << "Résultat : " << soustraction(nombre1, nombre2) << endl;
            break;
        case '*':
            cout << "Résultat : " << multiplication(nombre1, nombre2) << endl;
            break;
        case '/':
            cout << "Résultat : " << division(nombre1, nombre2) << endl;
            break;
        default:
            cout << "Opérateur non valide !" << endl;
    }

    return 0;
}
```

Explication :
- Chaque opération (addition, soustraction, multiplication, division) a sa propre fonction, ce qui rend le code plus modulaire.

- Le programme utilise un `switch` pour appeler la fonction appropriée en fonction de l'opérateur saisi par l'utilisateur.

Exercice 2 : Programme de Calcul de Factorielle avec Récursion et Fonction Affichage

Objectif :
- Créer une fonction récursive pour calculer la factorielle d'un nombre.

- Créer une fonction pour afficher le résultat.

Exemple de Code :

```
#include <iostream>
using namespace std;

// Fonction récursive pour calculer la factorielle
int factorielle(int n) {
    if (n <= 1) {
        return 1;
    }
    return n * factorielle(n - 1);
}

// Fonction pour afficher le résultat
void afficherFactorielle(int nombre) {
    cout << "La factorielle de " << nombre << " est : " << factorielle(nombre) <<
endl;
}

int main() {
    int nombre;
    cout << "Entrez un nombre pour calculer sa factorielle : ";
    cin >> nombre;
    afficherFactorielle(nombre);
    return 0;
}
```

Explication :
- `factorielle` est une fonction récursive qui calcule la factorielle de `n`.

- `afficherFactorielle` appelle `factorielle` et affiche le résultat, séparant le calcul et l'affichage pour une meilleure lisibilité.

Exercice 3 : Conversion Température (Fahrenheit ↔ Celsius) avec Fonctions Modulaires

Dans cet exercice, nous implémentons deux fonctions pour convertir des températures entre Fahrenheit et Celsius. Une troisième fonction gère l'interaction avec l'utilisateur.

Objectif :

- Créer une fonction pour convertir Fahrenheit en Celsius.
- Créer une fonction pour convertir Celsius en Fahrenheit.
- Créer une fonction pour afficher un menu et gérer les choix de conversion de l'utilisateur.

Exemple de Code :

```
#include <iostream>
using namespace std;

// Conversion Fahrenheit -> Celsius
double fahrenheitVersCelsius(double fahrenheit) {
    return (fahrenheit - 32) * 5 / 9;
}

// Conversion Celsius -> Fahrenheit
double celsiusVersFahrenheit(double celsius) {
    return (celsius * 9 / 5) + 32;
}

// Fonction pour afficher le menu et gérer les choix
void menuConversion() {
    int choix;
    double temperature;

    cout << "Menu de conversion de température :\n";
    cout << "1. Convertir Fahrenheit en Celsius\n";
    cout << "2. Convertir Celsius en Fahrenheit\n";
    cout << "Choisissez une option : ";
    cin >> choix;

    if (choix == 1) {
        cout << "Entrez la température en Fahrenheit : ";
        cin >> temperature;
        cout << "En Celsius : " << fahrenheitVersCelsius(temperature) << " °C" <<
endl;
    } else if (choix == 2) {
        cout << "Entrez la température en Celsius : ";
        cin >> temperature;
        cout << "En Fahrenheit : " << celsiusVersFahrenheit(temperature) << " °F" <<
endl;
    } else {
        cout << "Option invalide !" << endl;
    }
}

int main() {
    menuConversion();
    return 0;
}
```

Explication :

- fahrenheitVersCelsius et celsiusVersFahrenheit effectuent les conversions de température.

- menuConversion affiche le menu, recueille les choix et utilise les fonctions de conversion pour afficher les résultats.

Exercice 4 : Calcul de Puissance avec une Fonction Récursive

Cet exercice implémente une fonction récursive pour calculer la puissance d'un nombre donné, et une fonction d'affichage pour modulariser le code.

Objectif :

- Créer une fonction récursive puissance qui calcule base^exposant.
- Créer une fonction afficherPuissance pour afficher le résultat.

Exemple de Code :

```
#include <iostream>
using namespace std;

// Fonction récursive pour calculer la puissance
int puissance(int base, int exposant) {
    if (exposant == 0) {
        return 1;
    }
    return base * puissance(base, exposant - 1);
}

// Fonction pour afficher le résultat
void afficherPuissance(int base, int exposant) {
    cout << base << " élevé à la puissance " << exposant << " est : " <<
puissance(base, exposant) << endl;
}

int main() {
    int base, exposant;
    cout << "Entrez la base : ";
    cin >> base;
    cout << "Entrez l'exposant : ";
    cin >> exposant;
    afficherPuissance(base, exposant);
    return 0;
}
```

Explication :

- puissance est une fonction récursive qui calcule la puissance d'un nombre.
- afficherPuissance appelle puissance et affiche le résultat, séparant la logique de calcul et l'affichage.

Ces exercices démontrent l'importance de la **modularité** dans la programmation en divisant le code en fonctions spécifiques. La modularité facilite la maintenance, la réutilisation et la compréhension du code, tout en permettant une meilleure organisation dans des programmes complexes.

QCM : Fonctions en C++

Introduction

Ce questionnaire à choix multiples (QCM) évalue vos connaissances sur les fonctions en C++, en abordant des concepts tels que la déclaration, la surcharge, la portée des variables, et la récursivité.

Le QCM est divisé en trois niveaux :

- **Niveau 1 : Débutant** - Notions de base sur la définition et l'appel de fonctions.

- **Niveau 2 : Intermédiaire** - Concepts avancés comme la surcharge et la portée des variables.

- **Niveau 3 : Avancé** - Programmation récursive et modularisation du code.

Utilisez ce QCM pour tester vos compétences et renforcer votre compréhension. Bonne chance!

Niveau 1 : Débutant

1. Quel mot-clé est utilisé pour déclarer une fonction en C++ ?
   - ☐ a) `function`
   - ☐ b) `void`
   - ☐ c) `def`
   - ☐ d) `int`
2. Quelle est la valeur de retour par défaut d'une fonction en C++ si aucun type n'est spécifié ?
   - ☐ a) `int`
   - ☐ b) `void`
   - ☐ c) `float`
   - ☐ d) `string`
3. Quelle est la sortie du code suivant ?

```
int add(int a, int b) {
    return a + b;
}
cout << add(3, 4);
```

- ☐ a) 7
- ☐ b) 3
- ☐ c) 4
- ☐ d) Erreur

4. Comment déclare-t-on une fonction sans valeur de retour ?

☐ a) `void nomFonction()`

☐ b) `int nomFonction()`

☐ c) `nomFonction()`

☐ d) `function nomFonction()`

5. Que signifie un paramètre passé par valeur ?

☐ a) La fonction modifie directement la variable d'origine

☐ b) Une copie de la variable est utilisée dans la fonction

☐ c) La variable est accessible partout dans le code

☐ d) La variable est détruite après exécution

6. Quel mot-clé est utilisé pour indiquer qu'une fonction ne retourne rien ?

☐ a) `void`

☐ b) `null`

☐ c) `return`

☐ d) `empty`

7. Que retourne cette fonction ?

```
int test() {
    return 10;
}
cout << test();
```

☐ a) 10

☐ b) 0

☐ c) Rien

☐ d) Erreur

8. Quelle est la différence entre une déclaration et une définition de fonction ?

☐ a) La déclaration spécifie uniquement le type et le nom, la définition inclut le corps de la fonction

☐ b) Elles sont identiques

☐ c) La déclaration exécute le code, mais pas la définition

☐ d) Une déclaration ne peut avoir de paramètres

9. Que signifie un paramètre par référence ?

☐ a) Une copie est passée

☐ b) La variable originale est modifiée dans la fonction

☐ c) La fonction crée une nouvelle variable temporaire

☐ d) La variable doit être constante

10. Quel est le rôle de l'instruction `return` dans une fonction ?

☐ a) Arrêter l'exécution du programme

☐ b) Terminer l'exécution de la fonction et renvoyer une valeur

- ☐ c) Afficher la valeur en sortie
- ☐ d) Déclarer une variable

Niveau 2 : Intermédiaire

11. Que signifie la surcharge de fonctions ?
    - ☐ a) Utiliser plusieurs fonctions avec le même nom mais des paramètres différents
    - ☐ b) Définir plusieurs fonctions avec des types de retour identiques
    - ☐ c) Exécuter plusieurs fonctions en parallèle
    - ☐ d) Utiliser des variables globales dans plusieurs fonctions
12. Quelle est la sortie du code suivant ?

```
int add(int a, int b) {
    return a + b;
}
double add(double a, double b) {
    return a + b;
}
cout << add(3, 4);
```

```
- [ ] a) 7
- [ ] b) 7.0
- [ ] c) Erreur
- [ ] d) 3
```

13. Quel est l'objectif de l'utilisation du mot-clé `static` dans une fonction ?
    - ☐ a) Maintenir la valeur d'une variable entre les appels de la fonction
    - ☐ b) Rendre la variable globale
    - ☐ c) Augmenter la vitesse d'exécution
    - ☐ d) Rendre la variable constante
14. Où sont stockées les variables locales ?
    - ☐ a) Sur la pile (stack)
    - ☐ b) Sur le tas (heap)
    - ☐ c) Dans la mémoire statique
    - ☐ d) Dans le registre
15. Que fait le code suivant ?

```
static int count = 0;
count++;
```

```
- [ ] a) Réinitialise count à 0 à chaque appel
- [ ] b) Conserve la valeur de count entre les appels
- [ ] c) Crée une nouvelle variable à chaque appel
- [ ] d) Donne une erreur
```

16. Comment fonctionne le passage par référence constante ?

```
void display(const int& x) {
    cout << x;
}
```

```
- [ ] a) Permet de modifier x dans la fonction
- [ ] b) Empêche toute modification de x dans la fonction
- [ ] c) Crée une copie de x
- [ ] d) Rend x global
```

17. Que fait une fonction inline ?

- ☐ a) Remplace l'appel de fonction par son code à la compilation
- ☐ b) Rend la fonction plus rapide à l'exécution
- ☐ c) Permet d'appeler la fonction depuis plusieurs fichiers
- ☐ d) Crée une copie de la fonction

18. Quelle est la portée d'une fonction `friend` ?

- ☐ a) Accessible uniquement dans la classe qui la déclare
- ☐ b) Accessible depuis n'importe où dans le programme
- ☐ c) A accès aux membres privés de la classe qui la déclare amie
- ☐ d) Ne peut accéder qu'aux membres publics

19. Comment fonctionne la surcharge d'opérateurs ?

- ☐ a) Ne peut être utilisée qu'avec des classes
- ☐ b) Permet de redéfinir le comportement des opérateurs pour nos types
- ☐ c) Modifie le comportement des opérateurs pour tous les types
- ☐ d) Est uniquement possible avec les opérateurs arithmétiques

20. Que permet l'utilisation des paramètres par défaut ?

- ☐ a) Rendre le paramètre optionnel à l'appel
- ☐ b) Initialiser automatiquement les variables locales
- ☐ c) Empêcher la modification du paramètre
- ☐ d) Créer une surcharge de fonction

Niveau 3 : Avancé

21. Qu'est-ce que la récursivité ?

- ☐ a) Une fonction qui appelle une autre fonction
- ☐ b) Une fonction qui s'appelle elle-même
- ☐ c) Une fonction qui ne retourne rien
- ☐ d) Une boucle infinie

22. Quelle est la sortie de ce code récursif ?

```
int fact(int n) {
    if (n == 0) return 1;
    return n * fact(n - 1);
```

```
}
cout << fact(3);
```

```
- [ ] a) 6
- [ ] b) 3
- [ ] c) 9
- [ ] d) 1
```

23. Comment fonctionne la récursion terminale ?

☐ a) La récursion avec un seul appel récursif à la fin

☐ b) La récursion qui utilise une variable statique

☐ c) La récursion avec plusieurs appels récursifs

☐ d) La récursion sans condition de base

24. Que sont les templates de fonction ?

☐ a) Des fonctions qui acceptent n'importe quel type

☐ b) Des fonctions avec des paramètres fixes

☐ c) Des fonctions qui ne retournent rien

☐ d) Des fonctions inline

25. Comment fonctionnent les fonctions lambda ?

```
auto multiply = [](int x, int y) { return x * y; };
```

```
- [ ] a) Créent une fonction anonyme utilisable immédiatement
- [ ] b) Définissent une nouvelle classe
- [ ] c) Modifient une fonction existante
- [ ] d) Créent une surcharge de fonction
```

26. Qu'est-ce qu'une fonction variadique ?

☐ a) Une fonction qui accepte un nombre variable d'arguments

☐ b) Une fonction qui retourne plusieurs valeurs

☐ c) Une fonction qui change de comportement à l'exécution

☐ d) Une fonction qui utilise des templates

27. Comment fonctionne la déduction de type avec `auto` ?

☐ a) Déduit automatiquement le type de retour d'une fonction

☐ b) Crée une fonction template

☐ c) Convertit le type de retour en void

☐ d) N'est pas utilisable avec les fonctions

28. Que permet `std::function` ?

☐ a) Stocker n'importe quel type de fonction callable

☐ b) Créer uniquement des fonctions membres

☐ c) Définir des fonctions template

☐ d) Surcharger des opérateurs

29. Comment fonctionne la récursion mutuelle ?

- ☐ a) Deux fonctions qui s'appellent mutuellement
- ☐ b) Une fonction qui s'appelle elle-même plusieurs fois
- ☐ c) Une fonction qui utilise des variables statiques
- ☐ d) Une fonction qui utilise des templates

30. Que permet la spécialisation de template ?
    - ☐ a) Définir un comportement spécifique pour certains types
    - ☐ b) Créer des surcharges de fonction
    - ☐ c) Optimiser l'exécution des fonctions
    - ☐ d) Modifier la portée des variables

Conclusion

Ce QCM vous permet de valider vos connaissances sur les fonctions en C++. Continuez à explorer les concepts avancés pour améliorer votre maîtrise des fonctions et des pratiques de programmation modulaire. Bonne continuation !

Corrigé détaillé du QCM - Fonctions en C++

Niveau 1 : Débutant

Question 1 : Mot-clé de déclaration

✓ **Réponse correcte : d) int** - En C++, une fonction sans type de retour spécifié est par défaut de type `int` - C'est un héritage du C, bien que cette pratique soit déconseillée en C++ moderne

Question 2 : Type de retour par défaut

✓ **Réponse correcte : a) int** - Le type de retour par défaut est `int` si non spécifié - Il est recommandé de toujours déclarer explicitement le type de retour

Question 3 : Addition de paramètres

✓ **Réponse correcte : a) 7**

```
int add(int a, int b) {
    return a + b;
}
cout << add(3, 4);
```

- La fonction additionne simplement les deux paramètres
- 3 + 4 = 7 est retourné puis affiché

Question 4 : Fonction sans retour

✓ **Réponse correcte : a) void nomFonction()** - `void` indique explicitement qu'une fonction ne retourne rien - C'est la déclaration standard pour les fonctions procédurales

Question 5 : Paramètre par valeur

✓ **Réponse correcte : b) Une copie de la variable est utilisée dans la fonction** - Le passage par valeur crée une copie locale - La variable originale n'est pas modifiable dans la fonction - Protège les données originales mais peut être coûteux pour les gros objets

Question 6 : Mot-clé void

✓ **Réponse correcte : a) void** - `void` est le seul mot-clé valide pour indiquer l'absence de retour - Utilisé dans la signature de la fonction : `void maFonction()`

Question 7 : Retour de valeur simple

✓ **Réponse correcte : a) 10**

```
int test() {
    return 10;
}
cout << test();
```

- La fonction retourne la valeur littérale 10
- Cette valeur est ensuite affichée par cout

Question 8 : Déclaration vs Définition

✓ **Réponse correcte : a) La déclaration spécifie uniquement le type et le nom, la définition inclut le corps** - Déclaration : `int fonction(int x);` - Définition : `int fonction(int x) { return x + 1; }` - La déclaration peut apparaître plusieurs fois, la définition une seule fois

Question 9 : Paramètre par référence

✓ **Réponse correcte : b) La variable originale est modifiée dans la fonction** - Le passage par référence permet de modifier directement la variable passée - Évite la copie des données - Utilise le symbole & : `void fonction(int& x)`

Question 10 : Instruction return

✓ **Réponse correcte : b) Terminer l'exécution de la fonction et renvoyer une valeur** - `return` a deux rôles : 1. Arrêter l'exécution de la fonction 2. Renvoyer une valeur (si la fonction n'est pas void)

Niveau 2 : Intermédiaire

Question 11 : Surcharge de fonctions

✓ **Réponse correcte : a) Utiliser plusieurs fonctions avec le même nom mais des paramètres différents** - Permet d'avoir plusieurs versions d'une fonction - Se distinguent par leurs paramètres (nombre ou types) - Le compilateur choisit la version appropriée selon les arguments

Question 12 : Surcharge et types

✓ **Réponse correcte : a) 7**

```
int add(int a, int b) { return a + b; }
double add(double a, double b) { return a + b; }
cout << add(3, 4);
```

- Les arguments sont des entiers
- La version int de la fonction est donc appelée
- Le résultat est un entier : 7

Question 13 : Variables statiques

✓ **Réponse correcte : a) Maintenir la valeur d'une variable entre les appels** - Une variable static conserve sa valeur entre les appels - Initialisée une seule fois - Utile pour compter les appels ou maintenir un état

Question 14 : Variables locales

✓ **Réponse correcte : a) Sur la pile (stack)** - Les variables locales sont automatiquement : - Allouées à l'entrée de la fonction - Libérées à la sortie - Stockées dans la pile d'exécution

Question 15 : Variable statique

✓ **Réponse correcte : b) Conserve la valeur de count entre les appels**

```
static int count = 0;
count++;
```

- La variable est initialisée une seule fois
- Sa valeur persiste entre les appels

- Incrémentée à chaque appel

Question 16 : Référence constante

✓ **Réponse correcte : b) Empêche toute modification de x dans la fonction**

```
void display(const int& x) {
    cout << x;
}
```

- Combine référence et const
- Évite la copie tout en protégeant la valeur
- Idéal pour les grands objets en lecture seule

Question 17 : Fonction inline

✓ **Réponse correcte : a) Remplace l'appel de fonction par son code à la compilation** - Suggestion au compilateur d'insérer le code directement - Peut améliorer les performances - Utile pour les petites fonctions fréquemment appelées

Question 18 : Fonction friend

✓ **Réponse correcte : c) A accès aux membres privés de la classe qui la déclare amie** - Permet l'accès aux membres privés - N'est pas membre de la classe - Utile pour les opérateurs et les fonctions d'aide

Question 19 : Surcharge d'opérateurs

✓ **Réponse correcte : b) Permet de redéfinir le comportement des opérateurs pour nos types** - Personnalise les opérations sur les types personnalisés - Doit respecter la sémantique de l'opérateur - Améliore la lisibilité du code

Question 20 : Paramètres par défaut

✓ **Réponse correcte : a) Rendre le paramètre optionnel à l'appel** - Permet d'omettre certains arguments - Les valeurs par défaut doivent être à droite - Défini dans la déclaration

Niveau 3 : Avancé

Question 21 : Récursivité

✓ **Réponse correcte : b) Une fonction qui s'appelle elle-même** - Divise un problème en sous-problèmes similaires - Nécessite une condition d'arrêt - Alternative aux boucles pour certains algorithmes

Question 22 : Factorielle récursive

✓ **Réponse correcte : a) 6**

```
int fact(int n) {
    if (n == 0) return 1;
    return n * fact(n - 1);
}
```

- Calcule 3! = 3 * 2 * 1 = 6
- Condition d'arrêt : n == 0
- Chaque appel multiplie par le nombre précédent

Question 23 : Récursion terminale

✓ **Réponse correcte : a) La récursion avec un seul appel récursif à la fin** - Optimisable par le compilateur - Évite la croissance de la pile - Plus efficace que la récursion classique

Question 24 : Templates de fonction

✓ **Réponse correcte : a) Des fonctions qui acceptent n'importe quel type** - Génère du code pour différents types - Vérifié à la compilation - Permet la programmation générique

Question 25 : Fonctions lambda

✓ **Réponse correcte : a) Créent une fonction anonyme utilisable immédiatement**

```
auto multiply = [](int x, int y) { return x * y; };
```

- Fonction locale sans nom
- Peut capturer des variables du contexte

- Utile pour les callbacks et algorithmes

Question 26 : Fonction variadique

✓ **Réponse correcte : a) Une fonction qui accepte un nombre variable d'arguments** - Nombre d'arguments déterminé à l'exécution - Utilise les templates variadiques en C++ moderne - Plus sûr que les anciennes fonctions variadiques C

Question 27 : Déduction avec auto

✓ **Réponse correcte : a) Déduit automatiquement le type de retour d'une fonction** - Simplifie la déclaration des fonctions - Le type est déduit des return - Particulièrement utile avec les templates

Question 28 : std::function

✓ **Réponse correcte : a) Stocker n'importe quel type de fonction callable** - Wrapper type-safe pour les fonctions - Peut stocker fonctions, lambdas, functeurs - Utilisé pour les callbacks et le design pattern Strategy

Question 29 : Récursion mutuelle

✓ **Réponse correcte : a) Deux fonctions qui s'appellent mutuellement** - Forme de récursion indirecte - Nécessite des déclarations anticipées - Utile pour certains algorithmes complexes

Question 30 : Spécialisation de template

✓ **Réponse correcte : a) Définir un comportement spécifique pour certains types** - Permet de traiter différemment certains types - Optimisation pour des cas particuliers - Maintient la généricité du code

---

Conclusion

Ce corrigé détaillé explique les concepts fondamentaux et avancés des fonctions en C++. Pour maîtriser ces concepts : - Pratiquez l'écriture de différents types de fonctions - Expérimentez avec la récursion et les templates - Comprenez les cas d'utilisation de chaque fonctionnalité - Testez différentes approches de passage de paramètres

Glossaire - Fonctions en C++

Concepts Fondamentaux

Déclaration de Fonction

- **Définition** : Annonce d'une fonction au compilateur
- **Syntaxe** : `type_retour nom_fonction(paramètres);`
- **Exemple** :

```cpp
int calculerSomme(int a, int b);
double convertirCelsius(double fahrenheit);
```

- **Utilisation** : Permet au compilateur de connaître la signature avant l'implémentation

Définition de Fonction

- **Définition** : Implémentation complète avec le corps de la fonction
- **Syntaxe** : Corps entre accolades avec code exécutable
- **Exemple** :

```cpp
int calculerSomme(int a, int b) {
    return a + b;  // Corps de la fonction
}
```

- **Importance** : Contient la logique réelle de la fonction

Paramètres

- **Types de passage** :
  1. **Par valeur** : Copie des arguments
  2. **Par référence** : Accès direct aux variables originales
  3. **Par pointeur** : Accès indirect via adresse mémoire
- **Exemples** :

```cpp
void parValeur(int x) { x++; }           // Modifie la copie
void parReference(int& x) { x++; }       // Modifie l'original
void parPointeur(int* x) { (*x)++; }     // Modifie via pointeur
```

Concepts Intermédiaires

Surcharge de Fonctions

- **Définition** : Plusieurs versions d'une fonction avec paramètres différents
- **Règles** :
  - Même nom
  - Paramètres différents (type ou nombre)
  - Type de retour peut être différent
- **Exemple** :

```
int maximum(int a, int b);                 // Version entière
double maximum(double a, double b);        // Version flottante
int maximum(int a, int b, int c);          // Version trois paramètres
```

Variables Spéciales

1. **Variables Locales**
   - Portée limitée à la fonction
   - Créées à l'entrée, détruites à la sortie

```
void exemple() {
    int local = 0;  // Variable locale
}
```

2. **Variables Statiques**
   - Conservent leur valeur entre les appels
   - Initialisées une seule fois

```
void compteur() {
    static int compte = 0;  // Garde sa valeur
    compte++;
}
```

3. **Variables Globales**
   - Accessibles dans tout le programme
   - Déclarées hors des fonctions

```
int global = 10;  // Variable globale
void fonction() {
    global++;     // Modifie la variable globale
}
```

Concepts Avancés

Fonction Inline

- **Objectif** : Optimisation en remplaçant l'appel par le code
- **Utilisation** : Petites fonctions fréquemment appelées

```
inline int carre(int x) {
    return x * x;
}
```

Récursivité

- **Définition** : Fonction s'appelant elle-même
- **Composants** :
    1. Cas de base (condition d'arrêt)
    2. Appel récursif
- **Exemple** :

```
int factorielle(int n) {
    if (n <= 1) return 1;           // Cas de base
    return n * factorielle(n - 1); // Appel récursif
}
```

Templates de Fonction

- **Objectif** : Programmation générique
- **Avantages** :
    - Réutilisation du code
    - Type-safe
- **Exemple** :

```
template<typename T>
T minimum(T a, T b) {
    return (a < b) ? a : b;
}
```

Bonnes Pratiques

Organisation du Code

1. **Modularisation**
    - Diviser en fonctions logiques
    - Une fonction = une responsabilité
    - Facilite la maintenance
2. **Nommage**
    - Noms descriptifs
    - Convention verbePascalCase()
    - Exemple : `calculerMoyenne()`, `afficherResultat()`
3. **Documentation**
    - Commenter le rôle
    - Décrire les paramètres
    - Expliquer les valeurs de retour

```
/**
 * Calcule la moyenne d'un tableau d'entiers
 * @param tableau Tableau d'entrée
 * @param taille Nombre d'éléments
 * @return Moyenne des valeurs
 */
double calculerMoyenne(int tableau[], int taille);
```

Gestion des Erreurs

1. Vérification des Paramètres

```
   - Valider les entrées
   - Gérer les cas limites

int diviser(int a, int b) {
    if (b == 0) {
        throw "Division par zéro !";
    }
    return a / b;
}
```

2. **Valeurs de Retour**
    - Cohérentes
    - Documentées
    - Gestion des cas d'erreur

Conclusion

- Le glossaire couvre les concepts essentiels des fonctions en C++
- Référence pour la programmation modulaire

- Base pour une programmation robuste et maintainable

6. Pointeurs et Gestion de la Mémoire (3 heures)

Introduction aux Pointeurs en C++ : Compréhension des Adresses Mémoire, Opérateurs `&` et `*`

Les pointeurs sont des variables spéciales qui stockent des adresses mémoire plutôt que des valeurs ordinaires. Ils permettent d'accéder et de manipuler des emplacements spécifiques en mémoire, ce qui est essentiel pour une gestion fine de la mémoire et pour des opérations de bas niveau. La compréhension des pointeurs repose sur deux opérateurs clés : `&` (l'opérateur d'adresse) et `*` (l'opérateur de déréférencement).

1. Concept de Base : Adresses Mémoire

Chaque variable en C++ est stockée dans un emplacement mémoire unique. Cet emplacement est identifié par une **adresse mémoire**. Au lieu de stocker la valeur de la variable elle-même, un pointeur stocke cette adresse.

Exemple d'Adresse Mémoire :

```
#include <iostream>
using namespace std;

int main() {
    int nombre = 42;
    cout << "Adresse de la variable nombre : " << &nombre << endl;
    return 0;
}
```

Dans cet exemple :
- **`nombre`** est une variable entière contenant la valeur **`42`**.
- L'opérateur **`&nombre`** renvoie l'adresse mémoire où **`nombre`** est stocké.

Sortie (l'adresse exacte dépend de l'exécution) :

```
Adresse de la variable nombre : 0x7ffeefbff58c
```

2. Déclaration de Pointeurs

Pour déclarer un pointeur, on utilise le symbole `*` après le type de donnée du pointeur. Par exemple, un pointeur vers un `int` se déclare comme suit : `int*`.

Syntaxe de Déclaration :

```
type* nom_du_pointeur;
```

Exemple:
```
int* pointeurInt;
```

Ici, `**pointeurInt**` est un pointeur vers un `**int**`, ce qui signifie qu'il peut stocker l'adresse d'une variable de type `**int**`.

3. Opérateur `&` (Adresse de)

L'opérateur `&` est utilisé pour obtenir l'adresse mémoire d'une variable. En le plaçant devant une variable, on obtient son emplacement en mémoire.

Exemple d'Utilisation de `&` :
```
#include <iostream>
using namespace std;

int main() {
    int nombre = 10;
    int* pointeur = &nombre; // pointeur stocke l'adresse de nombre

    cout << "Valeur de nombre : " << nombre << endl;
    cout << "Adresse de nombre : " << &nombre << endl;
    cout << "Valeur du pointeur (adresse de nombre) : " << pointeur << endl;
    return 0;
}
```

Dans cet exemple :
- `**pointeur**` est un pointeur qui stocke l'adresse de `nombre`.
- L'adresse de `**nombre**` est obtenue en utilisant `&nombre`.

Sortie :
```
Valeur de nombre : 10
Adresse de nombre : 0x7ffeefbff58c
Valeur du pointeur (adresse de nombre) : 0x7ffeefbff58c
```

4. Opérateur `*` (Déréférencement)

L'opérateur `*` (déréférencement) est utilisé pour accéder à la valeur stockée à l'adresse mémoire pointée par un pointeur. En plaçant `*` devant un pointeur, on accède directement à la valeur de la variable à laquelle il fait référence.
Exemple d'Utilisation de `*` (Déréférencement) :

```
#include <iostream>
using namespace std;

int main() {
    int nombre = 20;
    int* pointeur = &nombre;

    cout << "Valeur de nombre : " << nombre << endl;
    cout << "Adresse de nombre : " << pointeur << endl;
    cout << "Valeur pointée par le pointeur : " << *pointeur << endl;

    // Modification de la valeur de nombre via le pointeur
    *pointeur = 30;
    cout << "Nouvelle valeur de nombre : " << nombre << endl;
    return 0;
}
```

Dans cet exemple :
- `*pointeur` permet d'accéder à la valeur de `nombre` via l'adresse stockée dans `pointeur`.
- En modifiant `*pointeur = 30`, nous changeons directement la valeur de `nombre`.

Sortie :

```
Valeur de nombre : 20
Adresse de nombre : 0x7ffeefbff58c
Valeur pointée par le pointeur : 20
Nouvelle valeur de nombre : 30
```

Résumé des Opérateurs & et *

Opérateur	Fonction	Exemple et Description
&	Adresse de la variable	Exemple : &nombre Retourne l'adresse mémoire où 'nombre' est stocké.
*	Déréférencement du pointeur	Exemple : *pointeur Accède à la valeur stockée à l'adresse pointée par 'pointeur'.

Exercice Pratique : Manipulation de Pointeurs

Objectif : Écrire un programme pour :
1. Déclarer une variable entière `valeur` et l'initialiser avec une valeur de `50`.
2. Créer un pointeur qui pointe vers `valeur`.
3. Afficher l'adresse et la valeur de `valeur` en utilisant le pointeur.
4. Modifier la valeur de `valeur` via le pointeur et afficher la nouvelle valeur.

Exemple de Code :
```
#include <iostream>
using namespace std;

int main() {
```

```
    int valeur = 50;
    int* pointeur = &valeur;

    cout << "Adresse de valeur : " << pointeur << endl;
    cout << "Valeur initiale de valeur via pointeur : " << *pointeur << endl;

    *pointeur = 100; // Modification via le pointeur
    cout << "Nouvelle valeur de valeur via pointeur : " << *pointeur << endl;
    cout << "Valeur de valeur après modification : " << valeur << endl;

    return 0;
}
```

Explication :
- `**pointeur**` est un pointeur vers `**valeur**` et contient son adresse.
- La valeur de `**valeur**` est modifiée via `*pointeur = 100`, ce qui met à jour `valeur` à `100`.

Sortie :

```
Adresse de valeur : 0x7ffeefbff58c
Valeur initiale de valeur via pointeur : 50
Nouvelle valeur de valeur via pointeur : 100
Valeur de valeur après modification : 100
```

Les pointeurs sont un concept fondamental en C++ qui permet une manipulation directe de la mémoire. Comprendre les opérateurs `&` et `*` est essentiel pour travailler efficacement avec des pointeurs et accéder aux adresses et valeurs en mémoire. La maîtrise des pointeurs ouvre la voie à des fonctionnalités avancées en C++ comme l'allocation dynamique de mémoire et les structures de données complexes.

Arithmétique des Pointeurs en C++ : Manipulation des Pointeurs pour Accéder aux Données

1. Comprendre l'Arithmétique des Pointeurs

En C++, chaque type de données occupe un certain nombre d'octets en mémoire :
- Un entier (`int`) peut occuper 4 octets (en fonction de la machine).
- Un `double` peut occuper 8 octets, etc.

Quand on manipule un pointeur, une opération d'incrémentation (`++`) ou de décrémentation (`--`) déplace le pointeur au **prochain** ou **précédent** emplacement de ce type de données en mémoire. Par exemple, pour un `int*` (pointeur vers un entier), `pointeur++` fait avancer l'adresse de 4 octets, car c'est la taille d'un `int`.

2. Incrémentation et Décrémentation des Pointeurs

Incrémentation (`++`) :
- `pointeur++` fait passer le pointeur à l'élément suivant en mémoire, en fonction de son type.

Décrémentation (`--`) :
- `pointeur--` déplace le pointeur vers l'élément précédent.

Exemple :
```
#include <iostream>
using namespace std;

int main() {
    int tableau[5] = {10, 20, 30, 40, 50};
    int* pointeur = tableau; // Pointe sur le premier élément

    cout << "Valeur pointée : " << *pointeur << endl; // 10
    pointeur++; // Passe au deuxième élément
    cout << "Valeur pointée après pointeur++ : " << *pointeur << endl; // 20
    pointeur--; // Retourne au premier élément
    cout << "Valeur pointée après pointeur-- : " << *pointeur << endl; // 10

    return 0;
}
```
Dans cet exemple :

- pointeur++ fait avancer le pointeur au prochain entier dans tableau.
- pointeur-- le ramène à l'élément précédent.

Sortie :
```
Valeur pointée : 10
Valeur pointée après pointeur++ : 20
Valeur pointée après pointeur-- : 10
```

3. Addition et Soustraction avec les Pointeurs

On peut ajouter ou soustraire des entiers à un pointeur pour déplacer le pointeur de plusieurs positions en mémoire.

Exemple :
```
#include <iostream>
using namespace std;

int main() {
    int tableau[5] = {10, 20, 30, 40, 50};
    int* pointeur = tableau; // Pointe sur le premier élément

    cout << "Valeur pointée : " << *pointeur << endl;        // 10
    cout << "Valeur pointée (pointeur + 2) : " << *(pointeur + 2) << endl; // 30
    cout << "Valeur pointée (pointeur + 4) : " << *(pointeur + 4) << endl; // 50

    return 0;
}
```
Dans cet exemple :

- pointeur + 2 déplace le pointeur de deux positions en mémoire, ce qui l'amène à l'élément 30.
- *(pointeur + 4) accède à l'élément 50.

Sortie :

```
Valeur pointée : 10
Valeur pointée (pointeur + 2) : 30
Valeur pointée (pointeur + 4) : 50
```

4. Différence entre Pointeurs

Si deux pointeurs pointent vers des éléments du même tableau, on peut calculer le nombre d'éléments entre eux en soustrayant les pointeurs.

Exemple :

```
#include <iostream>
using namespace std;

int main() {
    int tableau[5] = {10, 20, 30, 40, 50};
    int* debut = tableau;
    int* fin = &tableau[4];

    cout << "Début : " << *debut << endl;
    cout << "Fin : " << *fin << endl;
    cout << "Nombre d'éléments entre début et fin : " << (fin - debut) << endl;

    return 0;
}
```

Dans cet exemple :

- fin - debut donne le nombre d'éléments entre les deux pointeurs, ici 4.

Sortie :

```
Début : 10
Fin : 50
Nombre d'éléments entre début et fin : 4
```

5. Exercice Pratique : Parcourir un Tableau avec un Pointeur

Objectif : Écrire un programme qui utilise un pointeur pour parcourir et afficher tous les éléments d'un tableau d'entiers.

Exemple de Code :

```cpp
#include <iostream>
using namespace std;

int main() {
    int tableau[5] = {1, 2, 3, 4, 5};
    int* pointeur = tableau;

    cout << "Éléments du tableau : ";
    for (int i = 0; i < 5; i++) {
        cout << *(pointeur + i) << " ";
    }
    cout << endl;

    return 0;
}
```

Explication :

- pointeur + i déplace le pointeur à chaque itération pour accéder à chaque élément du tableau.
- *(pointeur + i) déréférence le pointeur pour obtenir la valeur de chaque élément.

Sortie :

```
Éléments du tableau : 1 2 3 4 5
```

Résumé de l'Arithmétique des Pointeurs

Opération	Description
pointeur++	Déplace le pointeur au prochain élément du même type
pointeur--	Déplace le pointeur à l'élément précédent
pointeur + n	Déplace le pointeur de `n` éléments en avant
pointeur - n	Déplace le pointeur de `n` éléments en arrière
pointeur1 - pointeur2	Calcule le nombre d'éléments entre deux pointeurs du même tableau

L'arithmétique des pointeurs est un concept puissant en C++ qui permet une gestion fine de la mémoire et une manipulation directe des éléments dans les tableaux. Cependant, elle nécessite une bonne compréhension des types de données et de la mémoire pour éviter des erreurs courantes, comme accéder à des zones mémoire non allouées (ce qui provoque des erreurs de segmentation).

Allocation Dynamique de Mémoire en C++ : Utilisation des Mots-clés `new` et `delete`

L'**allocation dynamique de mémoire** permet de réserver de la mémoire pendant l'exécution d'un programme, plutôt qu'à la compilation. Cela est particulièrement utile lorsque la quantité de mémoire requise dépend des entrées de l'utilisateur ou d'autres conditions qui ne sont pas connues à l'avance. En C++, les mots-clés `new` et `delete` sont utilisés pour gérer l'allocation et la libération de cette mémoire dynamique.

1. Allocation Dynamique avec `new`

Le mot-clé `new` permet d'allouer de la mémoire pour une variable ou un tableau pendant l'exécution du programme. `new` renvoie un **pointeur** vers la mémoire allouée, qui peut ensuite être utilisé pour manipuler cette mémoire.

Syntaxe :

```
type* pointeur = new type;
type* pointeurTableau = new type[taille];
```

- `new type` : Alloue de la mémoire pour une seule variable du type spécifié.
- `new type[taille]` : Alloue de la mémoire pour un tableau de taille `taille`.

Exemple d'Allocation Dynamique pour une Variable :

```
#include <iostream>
using namespace std;

int main() {
    int* pointeur = new int; // Allocation dynamique pour un entier
    *pointeur = 42; // Affectation de valeur à l'adresse allouée
    cout << "Valeur de l'entier dynamique : " << *pointeur << endl;

    delete pointeur; // Libération de la mémoire
    return 0;
}
```

Dans cet exemple :
- `int* pointeur = new int;` alloue de la mémoire pour un entier et retourne son adresse, stockée dans `pointeur`.
- `*pointeur = 42;` affecte la valeur `42` à cet espace mémoire.
- `delete pointeur;` libère la mémoire allouée, évitant les fuites de mémoire.

Sortie :

```
Valeur de l'entier dynamique : 42
```

2. Allocation Dynamique pour un Tableau

L'allocation dynamique peut également être utilisée pour créer un tableau lorsque sa taille n'est pas connue à la compilation. Cela est particulièrement utile pour les structures de données variables, telles que les listes ou tableaux de tailles changeantes.

Exemple de Tableau Dynamique :

```cpp
#include <iostream>
using namespace std;

int main() {
    int taille;
    cout << "Entrez la taille du tableau : ";
    cin >> taille;

    int* tableau = new int[taille]; // Allocation dynamique pour un tableau

    // Initialisation et affichage des éléments
    for (int i = 0; i < taille; i++) {
        tableau[i] = i * 2;
        cout << "tableau[" << i << "] = " << tableau[i] << endl;
    }

    delete[] tableau; // Libération de la mémoire allouée pour le tableau
    return 0;
}
```

Dans cet exemple :
- `new int[taille]` alloue de la mémoire pour un tableau d'entiers de taille `taille`.
- Les éléments du tableau sont initialisés et affichés dans une boucle.
- `delete[] tableau;` libère toute la mémoire allouée pour le tableau dynamique.

Sortie (exemple pour une entrée `taille = 5`) :

```
Entrez la taille du tableau : 5
tableau[0] = 0
tableau[1] = 2
tableau[2] = 4
tableau[3] = 6
tableau[4] = 8
```

3. Libération de la Mémoire avec `delete` et `delete[]`

Pour éviter les **fuites de mémoire**, chaque appel à `new` doit être associé à un appel à `delete` (pour une variable simple) ou `delete[]` (pour un tableau dynamique). La libération de la mémoire est essentielle dans les programmes utilisant l'allocation dynamique, surtout pour les programmes de longue durée ou manipulant de grandes quantités de données.
- `delete pointeur;` : Libère la mémoire allouée pour une seule variable.
- `delete[] pointeurTableau;` : Libère la mémoire allouée pour un tableau.

Exemple :

```
int* nombre = new int(10); // Allocation pour un entier
delete nombre; // Libération de la mémoire

int* tableau = new int[5]; // Allocation pour un tableau
delete[] tableau; // Libération de la mémoire du tableau
```

4. Exemple Complet : Allocation et Libération de Mémoire Dynamique

Cet exemple combine l'allocation dynamique pour une variable et un tableau, tout en illustrant l'importance de `delete` et `delete[]`.

```cpp
#include <iostream>
using namespace std;

int main() {
    // Allocation dynamique pour une variable
    int* entierDynamique = new int;
    *entierDynamique = 50;
    cout << "Entier dynamique : " << *entierDynamique << endl;

    // Allocation dynamique pour un tableau
    int taille;
    cout << "Entrez la taille du tableau dynamique : ";
    cin >> taille;
    int* tableauDynamique = new int[taille];

    // Initialisation et affichage du tableau
    for (int i = 0; i < taille; i++) {
        tableauDynamique[i] = i + 1;
        cout << "tableauDynamique[" << i << "] = " << tableauDynamique[i] << endl;
    }

    // Libération de la mémoire
    delete entierDynamique;
    delete[] tableauDynamique;

    return 0;
}
```

Explication :

- `entierDynamique` est alloué dynamiquement, puis assigné et affiché.
- `tableauDynamique` est alloué dynamiquement selon la taille donnée par l'utilisateur, initialisé, puis affiché.
- `delete entierDynamique;` et `delete[] tableauDynamique;` libèrent la mémoire pour éviter les fuites.

Sortie :

```
Entier dynamique : 50
Entrez la taille du tableau dynamique : 4
tableauDynamique[0] = 1
tableauDynamique[1] = 2
tableauDynamique[2] = 3
tableauDynamique[3] = 4
```

Précautions avec l'Allocation Dynamique

1. Libération Obligatoire : Chaque `new` doit correspondre à un `delete`, et chaque `new[]` doit correspondre à un `delete[]` pour éviter les fuites de mémoire.
2. Initialisation des Pointeurs : Avant d'utiliser un pointeur, assurez-vous qu'il est initialisé, soit par `new`, soit en le faisant pointer vers une adresse valide.
3. Double Libération : Libérer une mémoire déjà libérée (double `delete`) peut provoquer des comportements indéfinis. Il est conseillé de mettre le pointeur à `nullptr` après `delete` pour éviter cela.

```cpp
delete pointeur;
pointeur = nullptr;
```

Résumé : Allocation Dynamique avec `new` et `delete`

Mot-clé	Description
new	Alloue de la mémoire pour une variable
new[]	Alloue de la mémoire pour un tableau
delete	Libère la mémoire allouée pour une variable
delete[]	Libère la mémoire allouée pour un tableau

L'allocation dynamique de mémoire en C++ est essentielle pour gérer les structures de données dont la taille change pendant l'exécution du programme. En comprenant comment et quand utiliser `new` et `delete`, on peut créer des programmes efficaces qui utilisent la mémoire de manière optimale.

Tableaux et Pointeurs en C++ : Comprendre la Relation entre les Tableaux et les Pointeurs

En C++, les **tableaux** et les **pointeurs** sont étroitement liés. Lorsqu'un tableau est déclaré, le nom du tableau représente l'adresse de son premier élément. Cela signifie que les pointeurs peuvent être utilisés pour parcourir et manipuler les éléments d'un tableau, et que les tableaux peuvent être traités comme des pointeurs.

1.Accès aux Éléments d'un Tableau par un Pointeur

Le nom d'un tableau (`tableau`) est en réalité un **pointeur constant** vers son premier élément (`&tableau[0]`). Cela signifie qu'on peut utiliser des pointeurs pour accéder aux éléments d'un tableau de la même manière qu'avec l'indexation.

Exemple de Base :

```
#include <iostream>
using namespace std;

int main() {
    int tableau[3] = {10, 20, 30};
    int* pointeur = tableau;

    cout << "Premier élément : " << *pointeur << endl;
    cout << "Deuxième élément : " << *(pointeur + 1) << endl;
    cout << "Troisième élément : " << *(pointeur + 2) << endl;

    return 0;
}
```

Dans cet exemple :

- pointeur est un pointeur qui pointe vers le premier élément de tableau.
- *(pointeur + 1) et *(pointeur + 2) accèdent aux éléments suivants en utilisant l'arithmétique des pointeurs.

Sortie :

```
Premier élément : 10
Deuxième élément : 20
Troisième élément : 30
```

2.Accéder aux Éléments d'un Tableau avec l'Arithmétique des Pointeurs

L'arithmétique des pointeurs permet de parcourir un tableau en déplaçant le pointeur le long de la mémoire. Par exemple, `pointeur + 1` passe à l'élément suivant du tableau.

Exemple d'Utilisation de l'Arithmétique des Pointeurs pour Parcourir un Tableau :

```
#include <iostream>
using namespace std;

int main() {
    int tableau[5] = {1, 2, 3, 4, 5};
    int* pointeur = tableau;

    cout << "Éléments du tableau : ";
    for (int i = 0; i < 5; i++) {
        cout << *(pointeur + i) << " ";
    }
    cout << endl;

    return 0;
}
```

Dans cet exemple :

- La boucle for utilise *(pointeur + i) pour accéder à chaque élément de tableau.

Sortie :

Éléments du tableau : 1 2 3 4 5

3.Différence entre Pointeurs et Tableaux

Bien que les tableaux et les pointeurs soient liés, il existe quelques différences importantes :

1. **Constance du Pointeur de Base** : Le nom du tableau (`tableau`) est un pointeur constant, ce qui signifie qu'il ne peut pas être modifié pour pointer vers un autre emplacement. Un pointeur ordinaire, en revanche, peut être réassigné.

```
int tableau[3] = {10, 20, 30};
int* pointeur = tableau;
pointeur++; // valide : pointeur peut être modifié
// tableau++ est invalide : le nom du tableau ne peut pas être modifié
```

2. **Mémoire Allouée** : Un tableau alloue un bloc de mémoire lors de sa déclaration, tandis qu'un pointeur seul ne réserve pas de mémoire (à moins que `new` ne soit utilisé pour l'allocation dynamique).

4.Passer un Tableau en Paramètre de Fonction

En C++, un tableau peut être passé à une fonction en utilisant un pointeur. Lorsqu'un tableau est passé, seule l'adresse du premier élément est transmise, et non une copie complète du tableau, ce qui permet d'accéder directement aux éléments de la mémoire d'origine.

Exemple : Fonction qui Affiche les Éléments d'un Tableau :

```
#include <iostream>
using namespace std;

void afficherTableau(int* tableau, int taille) {
    for (int i = 0; i < taille; i++) {
        cout << tableau[i] << " ";
    }
    cout << endl;
}

int main() {
    int tableau[5] = {1, 2, 3, 4, 5};
    afficherTableau(tableau, 5);
    return 0;
}
```

Dans cet exemple :

- afficherTableau prend un int* comme paramètre, ce qui permet d'accéder aux éléments de tableau.
- La taille du tableau est passée en paramètre pour s'assurer que la fonction sait combien d'éléments elle doit parcourir.

Sortie :

```
1 2 3 4 5
```

5.Accéder à un Tableau Dynamique avec des Pointeurs

Les pointeurs peuvent être utilisés pour créer des tableaux dynamiques en mémoire. Ceci est particulièrement utile lorsque la taille du tableau n'est pas connue à la compilation.

Exemple d'Allocation Dynamique d'un Tableau :

```
#include <iostream>
using namespace std;

int main() {
    int taille;
    cout << "Entrez la taille du tableau dynamique : ";
    cin >> taille;

    int* tableau = new int[taille];

    for (int i = 0; i < taille; i++) {
        tableau[i] = i * 10;
        cout << "tableau[" << i << "] = " << tableau[i] << endl;
    }

    delete[] tableau;
    return 0;
}
```

Dans cet exemple :

- new int[taille] alloue dynamiquement un tableau de taille taille.
- Les éléments sont initialisés et affichés.
- delete[] tableau libère la mémoire allouée pour éviter les fuites de mémoire.

6.Exercice Pratique : Utilisation de Pointeurs pour Inverser un Tableau

Objectif : Écrire une fonction `inverserTableau` qui prend un tableau et sa taille, et inverse les éléments du tableau en utilisant des pointeurs.

Exemple de Code :

```cpp
#include <iostream>
using namespace std;

void inverserTableau(int* tableau, int taille) {
    int* debut = tableau;
    int* fin = tableau + taille - 1;

    while (debut < fin) {
        int temp = *debut;
        *debut = *fin;
        *fin = temp;

        debut++;
        fin--;
    }
}

void afficherTableau(int* tableau, int taille) {
    for (int i = 0; i < taille; i++) {
        cout << tableau[i] << " ";
    }
    cout << endl;
}

int main() {
    int tableau[5] = {1, 2, 3, 4, 5};

    cout << "Tableau avant inversion : ";
    afficherTableau(tableau, 5);

    inverserTableau(tableau, 5);

    cout << "Tableau après inversion : ";
    afficherTableau(tableau, 5);

    return 0;
}
```

Dans cet exemple :

- inverserTableau utilise deux pointeurs (debut et fin) pour échanger les éléments du début et de la fin, se rapprochant progressivement du centre.
- afficherTableau est une fonction pour afficher les éléments du tableau avant et après l'inversion.

Sortie :

```
Tableau avant inversion : 1 2 3 4 5
Tableau après inversion : 5 4 3 2 1
```

Résumé des Relations entre Tableaux et Pointeurs

Concept	Description
Nom du tableau	Le nom d'un tableau est un pointeur constant vers son premier élément.
Arithmétique des pointeurs	Permet de parcourir les éléments du tableau par incrémentation et décalage.
Passage en paramètre	Les tableaux sont souvent passés aux fonctions en tant que pointeurs, avec la taille en paramètre.
Tableau dynamique	Les pointeurs permettent l'allocation dynamique de tableaux, dont la taille est déterminée à l'exécution.

Les pointeurs et tableaux sont des concepts fondamentaux en C++ pour gérer et manipuler des données en mémoire. La compréhension de leur relation permet de manipuler efficacement des tableaux, que ce soit pour le parcours, la modification ou l'inversion des éléments.

Exercices : Allocation Dynamique de Mémoire et Manipulation de Tableaux via des Pointeurs

Ces exercices pratiques vous aideront à comprendre l'allocation dynamique de mémoire en C++ et la manipulation de tableaux en utilisant des pointeurs. Nous allons créer des programmes qui allouent dynamiquement des tableaux et utilisent des pointeurs pour les manipuler.

Exercice 1 : Allocation Dynamique et Remplissage d'un Tableau

Objectif :

- Demander à l'utilisateur de saisir la taille du tableau.
- Allouer dynamiquement un tableau de cette taille.
- Demander à l'utilisateur de remplir le tableau.
- Afficher le contenu du tableau.

Exemple de Code :

```
#include <iostream>
using namespace std;

int main() {
    int taille;

    cout << "Entrez la taille du tableau : ";
    cin >> taille;
```

```
    int* tableau = new int[taille]; // Allocation dynamique pour un tableau

    // Remplissage du tableau
    cout << "Entrez les éléments du tableau :" << endl;
    for (int i = 0; i < taille; i++) {
        cout << "Élément " << i + 1 << " : ";
        cin >> tableau[i];
    }

    // Affichage du tableau
    cout << "Les éléments du tableau sont : ";
    for (int i = 0; i < taille; i++) {
        cout << tableau[i] << " ";
    }
    cout << endl;

    delete[] tableau; // Libération de la mémoire allouée
    return 0;
}
```

Explication :

- new int[taille] alloue dynamiquement un tableau d'entiers de taille taille.
- Une boucle permet à l'utilisateur de remplir le tableau.
- Une autre boucle affiche les éléments.
- delete[] tableau libère la mémoire allouée pour le tableau dynamique.

Sortie (exemple pour une entrée taille = 3) :

```
Entrez la taille du tableau : 3
Entrez les éléments du tableau :
Élément 1 : 10
Élément 2 : 20
Élément 3 : 30
Les éléments du tableau sont : 10 20 30
```

Exercice 2 : Calculer la Moyenne d'un Tableau Dynamique

Objectif :

- Demander la taille du tableau à l'utilisateur.
- Allouer dynamiquement un tableau pour stocker des notes.
- Calculer la moyenne des notes saisies.

Exemple de Code :

```
#include <iostream>
using namespace std;

int main() {
    int taille;
    cout << "Entrez le nombre de notes : ";
    cin >> taille;
```

```
    double* notes = new double[taille]; // Allocation dynamique pour un tableau de
notes

    // Entrée des notes
    cout << "Entrez les notes : " << endl;
    for (int i = 0; i < taille; i++) {
        cout << "Note " << i + 1 << " : ";
        cin >> notes[i];
    }

    // Calcul de la moyenne
    double somme = 0;
    for (int i = 0; i < taille; i++) {
        somme += notes[i];
    }
    double moyenne = somme / taille;

    cout << "La moyenne des notes est : " << moyenne << endl;

    delete[] notes; // Libération de la mémoire allouée
    return 0;
}
```

Explication :

- new double[taille] alloue dynamiquement un tableau de taille pour stocker les notes.
- La somme des éléments du tableau est calculée pour déterminer la moyenne.
- delete[] notes libère la mémoire.

Sortie (exemple pour une entrée de 3 notes) :

```
Entrez le nombre de notes : 3
Entrez les notes :
Note 1 : 12.5
Note 2 : 15.0
Note 3 : 14.0
La moyenne des notes est : 13.8333
```

Exercice 3 : Inverser un Tableau Dynamique

Objectif :

- Allouer dynamiquement un tableau pour stocker des entiers.
- Remplir le tableau avec des valeurs.
- Créer une fonction inverserTableau qui utilise des pointeurs pour inverser le tableau.
- Afficher le tableau inversé.

Exemple de Code :

```
#include <iostream>
using namespace std;

void inverserTableau(int* tableau, int taille) {
```

```
    int* debut = tableau;
    int* fin = tableau + taille - 1;

    while (debut < fin) {
        int temp = *debut;
        *debut = *fin;
        *fin = temp;
        debut++;
        fin--;
    }
}

int main() {
    int taille;
    cout << "Entrez la taille du tableau : ";
    cin >> taille;

    int* tableau = new int[taille]; // Allocation dynamique

    // Remplissage du tableau
    cout << "Entrez les éléments du tableau :" << endl;
    for (int i = 0; i < taille; i++) {
        cout << "Élément " << i + 1 << " : ";
        cin >> tableau[i];
    }

    // Inversion du tableau
    inverserTableau(tableau, taille);

    // Affichage du tableau inversé
    cout << "Tableau inversé : ";
    for (int i = 0; i < taille; i++) {
        cout << tableau[i] << " ";
    }
    cout << endl;

    delete[] tableau; // Libération de la mémoire
    return 0;
}
```

Explication :

- La fonction inverserTableau utilise des pointeurs (debut et fin) pour échanger les éléments de début et de fin jusqu'au centre.
- Le tableau inversé est ensuite affiché dans le main.
- La mémoire est libérée avec delete[].

Sortie :

```
Entrez la taille du tableau : 4
Entrez les éléments du tableau :
Élément 1 : 1
Élément 2 : 2
Élément 3 : 3
Élément 4 : 4
Tableau inversé : 4 3 2 1
```

Exercice 4 : Recherche d'un Élément dans un Tableau Dynamique

Objectif :

- Allouer dynamiquement un tableau.
- Remplir le tableau avec des valeurs.
- Demander à l'utilisateur un élément à rechercher dans le tableau.
- Créer une fonction `recherche` qui utilise des pointeurs pour vérifier si l'élément existe dans le tableau et retourne sa position ou indique qu'il n'est pas trouvé.

Exemple de Code :

```
#include <iostream>
using namespace std;

int recherche(int* tableau, int taille, int valeurRecherchee) {
    for (int i = 0; i < taille; i++) {
        if (*(tableau + i) == valeurRecherchee) {
            return i; // Retourne l'index si trouvé
        }
    }
    return -1; // Retourne -1 si non trouvé
}

int main() {
    int taille;
    cout << "Entrez la taille du tableau : ";
    cin >> taille;

    int* tableau = new int[taille]; // Allocation dynamique

    // Remplissage du tableau
    cout << "Entrez les éléments du tableau :" << endl;
    for (int i = 0; i < taille; i++) {
        cout << "Élément " << i + 1 << " : ";
        cin >> tableau[i];
    }

    // Recherche d'un élément
    int valeurRecherchee;
    cout << "Entrez la valeur à rechercher : ";
    cin >> valeurRecherchee;

    int index = recherche(tableau, taille, valeurRecherchee);
    if (index != -1) {
        cout << "La valeur " << valeurRecherchee << " a été trouvée à l'index " <<
index << "." << endl;
    } else {
        cout << "La valeur " << valeurRecherchee << " n'a pas été trouvée dans le
tableau." << endl;
    }

    delete[] tableau; // Libération de la mémoire
    return 0;
}
```

Explication :

- La fonction recherche utilise un pointeur pour parcourir le tableau et rechercher valeurRecherchee.
- Si l'élément est trouvé, la fonction retourne son index ; sinon, elle retourne -1.
- Le résultat de la recherche est affiché.

Sortie :

```
Entrez la taille du tableau : 5
Entrez les éléments du tableau :
Élément 1 : 12
Élément 2 : 7
Élément 3 : 19
Élément 4 : 5
Élément 5 : 9
Entrez la valeur à rechercher : 19
La valeur 19 a été trouvée à l'index 2.
```

Résumé

Ces exercices montrent comment :
- Allouer dynamiquement de la mémoire pour des tableaux.
- Utiliser des pointeurs pour manipuler, inverser, calculer des moyennes, et rechercher des éléments dans un tableau.
- Libérer la mémoire allouée pour éviter les fuites de mémoire.

Ils illustrent l'importance des pointeurs dans la manipulation efficace de tableaux et la gestion de la mémoire en C++.

QCM : Pointeurs et Gestion de la Mémoire en C++

Introduction

Ce questionnaire à choix multiples (QCM) évalue vos connaissances sur les pointeurs et la gestion de la mémoire en C++. Il aborde des sujets comme les bases des pointeurs, l'arithmétique des pointeurs, l'allocation dynamique et leur relation avec les tableaux.

Le QCM est divisé en trois niveaux :

- **Niveau 1 : Débutant** - Concepts de base sur les pointeurs et l'adressage mémoire

- **Niveau 2 : Intermédiaire** - Manipulation avancée des pointeurs et gestion dynamique de la mémoire

- **Niveau 3 : Avancé** - Concepts complexes impliquant les pointeurs, tableaux et allocations dynamiques

Niveau 1 : Débutant

1. Quel opérateur est utilisé pour obtenir l'adresse d'une variable en C++ ?
   - ☐ a) *
   - ☐ b) &
   - ☐ c) ->
   - ☐ d) .
2. Quel opérateur est utilisé pour accéder à la valeur pointée par un pointeur ?
   - ☐ a) *
   - ☐ b) &
   - ☐ c) ->
   - ☐ d) .
3. Que signifie le terme "pointeur" en C++ ?
   - ☐ a) Une variable stockant une adresse mémoire
   - ☐ b) Une variable stockant une valeur entière
   - ☐ c) Une fonction spéciale
   - ☐ d) Une boucle récursive
4. Quel est le résultat de l'instruction suivante ?

```
int x = 5;
int *p = &x;
cout << *p;
```

- ☐ a) 5
- ☐ b) Adresse de x
- ☐ c) Erreur de compilation
- ☐ d) NULL

5. Quelle est la sortie du code suivant ?

```
int x = 10;
int *p = &x;
cout << p;
```

- ☐ a) 10
- ☐ b) Adresse mémoire de x
- ☐ c) NULL
- ☐ d) Erreur

6. Que retourne l'opérateur & ?
   - ☐ a) La valeur stockée dans une variable
   - ☐ b) L'adresse mémoire d'une variable
   - ☐ c) Une copie de la variable
   - ☐ d) Un pointeur vide
7. Quelle est la valeur par défaut d'un pointeur non initialisé ?
   - ☐ a) 0
   - ☐ b) NULL
   - ☐ c) Adresse aléatoire
   - ☐ d) Erreur
8. Comment déclare-t-on un pointeur vers un entier ?
   - ☐ a) `int ptr;`
   - ☐ b) `int *ptr;`
   - ☐ c) `*ptr int;`
   - ☐ d) `ptr *int;`
9. Que signifie l'expression suivante ?

```
int *p = nullptr;
```

- ☐ a) Le pointeur ne pointe vers rien
- ☐ b) Le pointeur pointe vers 0
- ☐ c) Le pointeur contient une valeur aléatoire
- ☐ d) Le pointeur est invalide

10. Comment vérifie-t-on si un pointeur est valide ?
    - ☐ a) En le comparant à nullptr
    - ☐ b) En vérifiant son adresse

☐ c) En le déréférençant

☐ d) En utilisant sizeof()

Niveau 2 : Intermédiaire

11. Que fait l'arithmétique des pointeurs ?

    ☐ a) Modifie les adresses pointées

    ☐ b) Ajoute ou soustrait des valeurs pour naviguer dans la mémoire

    ☐ c) Multiplie ou divise les adresses

    ☐ d) Compare deux pointeurs

12. Quelle est la sortie de ce code ?

```
int arr[] = {10, 20, 30};
int *p = arr;
cout << *(p + 1);
```

```
- [ ] a) 10
- [ ] b) 20
- [ ] c) 30
- [ ] d) Erreur
```

13. Comment accède-t-on à un élément d'un tableau via un pointeur ?

    ☐ a) `p[0]`

    ☐ b) `*p`

    ☐ c) `p->0`

    ☐ d) `p*`

14. Quelle est la fonction de new en C++ ?

    ☐ a) Allouer dynamiquement de la mémoire

    ☐ b) Libérer la mémoire

    ☐ c) Déclarer un pointeur

    ☐ d) Initialiser une variable

15. Que fait le mot-clé `delete` ?

    ☐ a) Alloue la mémoire

    ☐ b) Libère la mémoire allouée dynamiquement

    ☐ c) Crée un tableau dynamique

    ☐ d) Copie la mémoire

16. Quelle est la différence entre `delete` et `delete[]` ?

    ☐ a) delete[] libère un tableau, delete libère une seule variable

    ☐ b) Ils sont identiques

    ☐ c) delete[] est plus rapide

    ☐ d) delete est obsolète

17. Comment déclare-t-on un tableau dynamique d'entiers ?

☐ a) `int arr[];`

☐ b) `new int[];`

☐ c) `int *arr = new int[size];`

☐ d) `int *arr = malloc(size);`

18. Que se passe-t-il si on utilise delete deux fois sur le même pointeur ?

☐ a) Rien

☐ b) Comportement indéfini

☐ c) Exception

☐ d) Erreur de compilation

19. Comment éviter les fuites mémoire ?

☐ a) Utiliser des smart pointers

☐ b) Ne pas utiliser new

☐ c) Utiliser uniquement malloc

☐ d) Réinitialiser les pointeurs à NULL

20. Quelle est la taille d'un pointeur sur une architecture 64 bits ?

☐ a) 4 bytes

☐ b) 8 bytes

☐ c) Dépend du type pointé

☐ d) 16 bytes

Niveau 3 : Avancé

21. Que fait un smart pointer ?

☐ a) Gère automatiquement la libération de mémoire

☐ b) Accélère l'accès mémoire

☐ c) Réduit la taille des pointeurs

☐ d) Empêche l'allocation dynamique

22. Quelle est la différence entre un unique_ptr et un shared_ptr ?

☐ a) unique_ptr ne permet qu'un seul propriétaire

☐ b) shared_ptr est plus rapide

☐ c) unique_ptr utilise moins de mémoire

☐ d) shared_ptr est thread-safe

23. Comment fonctionne le compteur de références de shared_ptr ?

☐ a) Compte le nombre de shared_ptr pointant vers le même objet

☐ b) Compte le nombre d'accès à l'objet

☐ c) Compte la taille de l'objet

☐ d) Compte les copies de l'objet

24. Que fait ce code ?

```
void* operator new(size_t size) {
    return malloc(size);
}
```

```
- [ ] a) Surcharge l'opérateur new global
- [ ] b) Crée un nouveau type de pointeur
- [ ] c) Optimise l'allocation mémoire
- [ ] d) Remplace malloc
```

25. Qu'est-ce qu'un weak_ptr ?

☐ a) Version faible de shared_ptr qui ne compte pas les références

☐ b) Pointeur qui ne peut pas être null

☐ c) Pointeur constant

☐ d) Pointeur thread-safe

26. Comment fonctionne le placement new ?

☐ a) Construit un objet à une adresse spécifique

☐ b) Alloue de la mémoire alignée

☐ c) Crée un tableau dynamique

☐ d) Initialise la mémoire à zéro

27. Que fait make_shared comparé à un new direct ?

☐ a) Allocation en un seul bloc plus efficace

☐ b) Crée plusieurs copies

☐ c) Utilise moins de mémoire

☐ d) Est plus lent

28. Comment gérer les cycles de références avec shared_ptr ?

☐ a) Utiliser weak_ptr pour briser les cycles

☐ b) Utiliser unique_ptr

☐ c) Éviter les références circulaires

☐ d) Utiliser des pointeurs bruts

29. Que fait enable_shared_from_this ?

☐ a) Permet à un objet de créer un shared_ptr sur lui-même

☐ b) Empêche la création de shared_ptr

☐ c) Optimise la mémoire

☐ d) Crée un pointeur thread-safe

30. Comment fonctionne le custom deleter dans un unique_ptr ?

☐ a) Définit une fonction de nettoyage personnalisée

☐ b) Empêche la suppression

☐ c) Accélère la libération mémoire

☐ d) Modifie l'allocation

Conclusion

Ce QCM évalue votre compréhension des pointeurs et de la gestion de la mémoire en C++, des concepts de base aux fonctionnalités avancées comme les smart pointers. Continuez à pratiquer pour maîtriser ces concepts essentiels.

Corrigé détaillé du QCM - Pointeurs et Gestion de la Mémoire en C++

Niveau 1 : Débutant

Question 1 : Opérateur d'adresse

✓ **Réponse correcte : b) &** - L'opérateur & est utilisé pour obtenir l'adresse mémoire d'une variable - Exemple :

```
int x = 5;
int* ptr = &x;  // ptr contient l'adresse de x
```

Question 2 : Opérateur de déréférencement

✓ **Réponse correcte : a) *** - L'opérateur * permet d'accéder à la valeur pointée - S'utilise sur un pointeur pour obtenir la valeur à l'adresse stockée

```
int* ptr = &x;
int valeur = *ptr;  // valeur contient la valeur de x
```

Question 3 : Définition d'un pointeur

✓ **Réponse correcte : a) Une variable stockant une adresse mémoire** - Un pointeur est une variable spéciale qui : - Stocke une adresse mémoire - Peut être utilisée pour accéder indirectement à des données - Permet la manipulation dynamique de la mémoire

Question 4 : Déréférencement basique

✓ **Réponse correcte : a) 5**

```
int x = 5;
int *p = &x;
cout << *p;
```

- Le pointeur p stocke l'adresse de x
- *p accède à la valeur à cette adresse (5)
- L'opération de déréférencement retourne la valeur originale

Question 5 : Affichage d'adresse

✓ **Réponse correcte : b) Adresse mémoire de x**

```
int x = 10;
int *p = &x;
cout << p;
```

- Affiche l'adresse mémoire en hexadécimal
- Ne pas confondre avec *p qui afficherait 10

Question 6 : Rôle de l'opérateur &

✓ **Réponse correcte : b) L'adresse mémoire d'une variable** - Utilisé pour : - Obtenir l'adresse d'une variable - Initialiser des pointeurs - Passer des références à des fonctions

Question 7 : Pointeur non initialisé

✓ **Réponse correcte : c) Adresse aléatoire** - Danger des pointeurs non initialisés : - Contiennent des valeurs aléatoires - Peuvent causer des crashs - Doivent toujours être initialisés (nullptr ou adresse valide)

Question 8 : Déclaration de pointeur

✓ **Réponse correcte : b) int *ptr;** - Syntaxe correcte pour déclarer un pointeur - L'étoile indique que c'est un pointeur - Le type indique le type de données pointé

Question 9 : nullptr

✓ **Réponse correcte : a) Le pointeur ne pointe vers rien**

```
int *p = nullptr;
```

- nullptr est la valeur moderne pour un pointeur nul
- Plus sûr que NULL (C++11 et plus)
- Indique explicitement l'absence de cible

Question 10 : Test de validité

✓ **Réponse correcte : a) En le comparant à nullptr** - Meilleures pratiques : - Toujours vérifier avant déréférencement - Utiliser nullptr pour les comparaisons - Éviter les pointeurs non initialisés

---

Niveau 2 : Intermédiaire

Question 11 : Arithmétique des pointeurs

✓ **Réponse correcte : b) Ajoute ou soustrait des valeurs pour naviguer dans la mémoire** - Permet de : - Se déplacer dans un tableau - Calculer des offsets - L'incrément dépend du type pointé

Question 12 : Navigation dans un tableau

✓ **Réponse correcte : b) 20**

```
int arr[] = {10, 20, 30};
int *p = arr;
cout << *(p + 1);
```

- p + 1 avance d'un élément (sizeof(int) bytes)
- Pointe vers le deuxième élément
- Les tableaux sont contigus en mémoire

Question 13 : Accès aux éléments

✓ **Réponse correcte : a) p[0]** - Plusieurs méthodes équivalentes : - `p[i]` : notation tableau - `*(p + i)` : arithmétique des pointeurs - Les deux sont interchangeables

Question 14 : Allocation dynamique

✓ **Réponse correcte : a) Allouer dynamiquement de la mémoire** - new : - Alloue sur le tas (heap) - Appelle le constructeur - Retourne un pointeur typé

Question 15 : Libération mémoire

✓ **Réponse correcte : b) Libère la mémoire allouée dynamiquement** - `delete` : - Libère la mémoire - Appelle le destructeur - Prévient les fuites mémoire

Question 16 : delete vs delete[]

✓ **Réponse correcte : a) delete[] libère un tableau, delete libère une seule variable** - Utilisation correcte : - `delete` pour new simple - `delete[]` pour new[] - Ne pas mélanger les deux

Question 17 : Tableau dynamique

✓ **Réponse correcte : c) int *arr = new int[size];** - Allocation de tableau : - Taille déterminée à l'exécution - Mémoire contiguë - Nécessite delete[]

Question 18 : Double delete

✓ **Réponse correcte : b) Comportement indéfini** - Dangers : - Corruption mémoire possible - Crash potentiel - À éviter absolument

Question 19 : Fuites mémoire

✓ **Réponse correcte : a) Utiliser des smart pointers** - Solutions modernes : - RAII - Smart pointers - Gestion automatique des ressources

Question 20 : Taille des pointeurs

✓ **Réponse correcte : b) 8 bytes** - Sur architecture 64 bits : - Tous les pointeurs font 8 bytes - Indépendant du type pointé - Lié à l'architecture

Niveau 3 : Avancé

Question 21 : Smart pointers

✓ **Réponse correcte : a) Gère automatiquement la libération de mémoire** - Avantages : - RAII automatique - Sûreté accrue - Exception-safe

Question 22 : unique_ptr vs shared_ptr

✓ **Réponse correcte : a) unique_ptr ne permet qu'un seul propriétaire** - Caractéristiques : - unique_ptr : propriété exclusive - shared_ptr : propriété partagée - Choix selon le cas d'utilisation

Question 23 : Compteur de références

✓ **Réponse correcte : a) Compte le nombre de shared_ptr pointant vers le même objet** - Fonctionnement : - Incrémenté à la copie - Décrémenté à la destruction - Libération automatique à zéro

Question 24 : Surcharge de new

✓ **Réponse correcte : a) Surcharge l'opérateur new global**

```
void* operator new(size_t size) {
    return malloc(size);
}
```

- Permet de :
  - Personnaliser l'allocation
  - Tracer la mémoire
  - Optimiser les performances

Question 25 : weak_ptr

✓ **Réponse correcte : a) Version faible de shared_ptr qui ne compte pas les références** - Utilisations : - Éviter les références circulaires - Observer sans posséder - Cache et observateurs

Question 26 : Placement new

✓ **Réponse correcte : a) Construit un objet à une adresse spécifique** - Applications : - Mémoire pré-allouée - Pools d'objets - Optimisations avancées

Question 27 : make_shared

✓ **Réponse correcte : a) Allocation en un seul bloc plus efficace** - Avantages : - Une seule allocation - Meilleure localité cache - Plus performant

Question 28 : Cycles de références

✓ **Réponse correcte : a) Utiliser weak_ptr pour briser les cycles** - Solutions : - weak_ptr pour les back-references - Éviter les cycles - Design approprié

Question 29 : enable_shared_from_this

✓ **Réponse correcte : a) Permet à un objet de créer un shared_ptr sur lui-même** - Utilisations : - Callbacks sûrs - Gestion du cycle de vie - Partage sécurisé

Question 30 : Custom deleter

✓ **Réponse correcte : a) Définit une fonction de nettoyage personnalisée** - Applications : - Ressources non-mémoire - Nettoyage complexe - Intégration API C

Conclusion

Ce corrigé détaillé couvre les concepts essentiels de la gestion mémoire en C++, des bases des pointeurs aux fonctionnalités avancées des smart pointers. Pour maîtriser ces concepts : - Pratiquer régulièrement - Comprendre les cas d'utilisation - Privilégier les solutions modernes (smart pointers) - Être attentif à la gestion des ressources

Glossaire - Pointeurs et Gestion de la Mémoire en C++

Concepts de Base

Adresse Mémoire

- **Définition** : Emplacement unique en mémoire où une donnée est stockée
- **Accès** : Via l'opérateur &
- **Exemple** :

```
int x = 5;
cout << &x;  // Affiche l'adresse de x
```

Pointeur

- **Définition** : Variable stockant l'adresse mémoire d'une autre variable
- **Déclaration** : Utilise l'opérateur *
- **Exemple** :

```
int x = 5;
int* ptr = &x;  // ptr stocke l'adresse de x
```

Opérateurs de Base

11. **Opérateur & (adresse)**
    - Retourne l'adresse d'une variable
    - Utilisé pour initialiser des pointeurs

    ```
    int x = 10;
    int* p = &x;  // p contient l'adresse de x
    ```

12. **Opérateur * (déréférencement)**
    - Accède à la valeur pointée
    - Utilisé pour lire/modifier la valeur

    ```
    int* p = &x;
    *p = 20;  // Modifie x à travers p
    ```

Gestion de la Mémoire

Allocation Dynamique

13. **new**
    - **Usage** : Alloue de la mémoire sur le tas
    - **Syntaxe** : `Type* ptr = new Type;`

```
int* p = new int(5);  // Alloue et initialise
```

14. **delete**
    - **Usage** : Libère la mémoire allouée
    - **Importance** : Prévient les fuites mémoire

```
delete p;      // Libère un objet
p = nullptr;  // Bonne pratique
```

Tableaux Dynamiques

15. **Allocation**

```
int* arr = new int[size];  // Crée un tableau
```

16. **Libération**

```
delete[] arr;  // Libère le tableau
arr = nullptr;
```

Types de Pointeurs Spéciaux

Pointeur Constant

- **Définition** : Pointeur dont l'adresse ne peut être modifiée
- **Syntaxe** : `Type* const ptr`

```
int x = 5, y = 10;
int* const ptr = &x;
*ptr = 20;      // OK
ptr = &y;       // Erreur
```

Pointeur vers Constante

- **Définition** : Pointeur vers une valeur qui ne peut être modifiée

- **Syntaxe** : `const Type* ptr`

```
const int* ptr = &x;
*ptr = 20;      // Erreur
ptr = &y;       // OK
```

Pointeur Void

- **Définition** : Pointeur générique
- **Usage** : Peut pointer vers n'importe quel type

```
void* ptr;
int x = 5;
ptr = &x;   // OK
```

Smart Pointers (C++11 et plus)

unique_ptr

- **Usage** : Propriété exclusive
- **Caractéristiques** : Non copiable, transferable

```
unique_ptr<int> ptr(new int(5));
// Se libère automatiquement
```

shared_ptr

- **Usage** : Propriété partagée
- **Caractéristiques** : Compteur de références

```
shared_ptr<int> ptr1(new int(5));
shared_ptr<int> ptr2 = ptr1;  // Partage autorisé
```

weak_ptr

- **Usage** : Référence faible à un shared_ptr
- **Utilité** : Évite les références circulaires

```
weak_ptr<int> wptr = ptr1;  // Ne compte pas comme référence
```

Problèmes Courants

Fuites Mémoire

- **Définition** : Mémoire allouée non libérée
- **Prévention** :
  - Utiliser des smart pointers
  - Toujours libérer la mémoire
  - Suivre le pattern RAII

Pointeurs Dangereux

17. **Pointeur Null**
    - Pointeur ne pointant nulle part
    - Initialisation recommandée : `nullptr`
18. **Pointeur Dangling**
    - Pointe vers mémoire libérée
    - Cause : Utilisation après delete
19. **Pointeur Sauvage**
    - Non initialisé
    - Contient une valeur aléatoire

Double Libération

- **Problème** : Libérer deux fois la même mémoire
- **Solution** :
  - Mettre les pointeurs à nullptr après delete
  - Utiliser des smart pointers

Bonnes Pratiques

Initialisation

```
int* ptr = nullptr;  // Toujours initialiser
```

Vérification

```
if (ptr != nullptr) {
    // Utilisation sûre
}
```

Libération

```
delete ptr;
ptr = nullptr;  // Évite les dangling pointers
```

RAII (Resource Acquisition Is Initialization)

- Utiliser des classes pour gérer les ressources
- Préférer les smart pointers aux pointeurs bruts
- Encapsuler les allocations dans des objets

Conclusion

La maîtrise des pointeurs et de la gestion mémoire est cruciale en C++. Les concepts clés sont :

- Comprendre les différents types de pointeurs
- Gérer correctement la mémoire
- Utiliser les smart pointers quand possible - Suivre les bonnes pratiques de programmation

7. Programmation Orientée Objet (POO) en C++ (4 heures)

Définition et Utilisation des Classes et des Objets

En C++, la **programmation orientée objet** (POO) est un paradigme de programmation qui repose sur l'utilisation de **classes** et **objets** pour modéliser des entités du monde réel ou abstrait. Ce concept permet d'organiser et de structurer le code en définissant des types de données personnalisés qui regroupent des attributs (données) et des méthodes (fonctions) associées.

1. Qu'est-ce qu'une Classe ?

Une **classe** est un modèle ou un plan qui définit les propriétés (attributs) et comportements (méthodes) d'un type d'objet particulier. La classe est utilisée pour créer des objets spécifiques.

Structure de Base d'une Classe :

```
class NomClasse {
public:
    // Attributs (données)
    type_attribut1 attribut1;
    type_attribut2 attribut2;

    // Méthodes (fonctions)
    void methode1();
    type_retour methode2(type_parametre parametre);
};
```

- **public** : Mots-clés d'accès, indiquant que les membres de la classe sont accessibles depuis l'extérieur (d'autres parties du programme).
- **Attributs** : Variables ou données qui décrivent les caractéristiques de la classe.
- **Méthodes** : Fonctions qui définissent les comportements de la classe.

2. Qu'est-ce qu'un Objet ?

Un **objet** est une instance de la classe. Chaque objet créé à partir de la classe possède ses propres valeurs pour les attributs définis dans la classe. Par exemple, si la classe est un modèle pour un « Étudiant », un objet pourrait être un étudiant spécifique avec son propre nom et son âge.

3. Exemple de Classe et d'Objet

Prenons un exemple simple d'une classe **Etudiant** avec des attributs **nom** et **age**, et une méthode pour afficher les informations de l'étudiant.

Code Exemple :

```
#include <iostream>
#include <string>
using namespace std;

class Etudiant {
public:
    // Attributs
    string nom;
    int age;

    // Méthode pour afficher les informations de l'étudiant
    void afficherInfos() {
        cout << "Nom : " << nom << endl;
        cout << "Âge : " << age << endl;
    }
};

int main() {
    // Création d'un objet de la classe Etudiant
    Etudiant etudiant1;

    // Initialisation des attributs
    etudiant1.nom = "Alice";
    etudiant1.age = 20;

    // Appel de la méthode afficherInfos
    etudiant1.afficherInfos();

    return 0;
}
```

Explication :

- **Classe** Etudiant : Contient deux attributs (nom et age) et une méthode afficherInfos.
- **Objet** etudiant1 : Créé à partir de la classe Etudiant, cet objet a ses propres valeurs pour nom et age.
- etudiant1.afficherInfos() appelle la méthode pour afficher les informations de etudiant1.

Sortie :

```
Nom : Alice
Âge : 20
```

4. Accès aux Attributs et Méthodes avec le Mot-Clé public

Le mot-clé **public** rend les attributs et méthodes accessibles depuis l'extérieur de la classe. Cela signifie qu'on peut directement modifier les valeurs des attributs et appeler les méthodes.

Exemple avec Accès Public :

```
class Exemple {
public:
    int nombre;

    void afficherNombre() {
        cout << "Nombre : " << nombre << endl;
    }
};

int main() {
    Exemple ex;
    ex.nombre = 5; // Accessible car nombre est public
    ex.afficherNombre(); // Appel de la méthode afficherNombre

    return 0;
}
```

Sortie :

```
Nombre : 5
```

5. Différents Mots-Clés d'Accès : public, private, et protected

En C++, les membres d'une classe peuvent être déclarés avec différents niveaux d'accès :
- **public** : Accessible depuis l'extérieur de la classe.
- **private** : Accessible uniquement à l'intérieur de la classe.
- **protected** : Accessible dans la classe et les classes dérivées (héritage).

Par défaut, si aucun mot-clé n'est spécifié, les membres d'une classe sont private.

Exemple avec Attribut Privé :

```
class CompteBancaire {
private:
    double solde;

public:
    void deposer(double montant) {
        solde += montant;
    }

    void afficherSolde() {
        cout << "Solde : " << solde << " euros" << endl;
    }
};

int main() {
    CompteBancaire compte;
    compte.deposer(100);    // Ajoute 100 au solde
```

```
    compte.afficherSolde(); // Affiche le solde

    // compte.solde = 500; // Erreur : solde est privé et inaccessible directement

    return 0;
}
```

Explication :

- solde **est privé** : Il n'est pas accessible depuis l'extérieur de la classe.
- Les méthodes **deposer** et **afficherSolde** sont **public** et permettent d'interagir avec **solde**.

Sortie :

```
Solde : 100 euros
```

6. Constructeurs et Destructeurs

Un **constructeur** est une méthode spéciale qui est automatiquement appelée lors de la création d'un objet. Il initialise les attributs de l'objet. Un **destructeur**, en revanche, est une méthode spéciale qui est appelée lorsque l'objet est détruit, permettant de libérer des ressources.

Exemple de Constructeur :

```
class Etudiant {
public:
    string nom;
    int age;

    // Constructeur
    Etudiant(string n, int a) {
        nom = n;
        age = a;
    }

    void afficherInfos() {
        cout << "Nom : " << nom << ", Âge : " << age << endl;
    }
};

int main() {
    // Création d'un objet avec constructeur
    Etudiant etudiant1("Alice", 20);
    etudiant1.afficherInfos();

    return 0;
}
```

Dans cet exemple :
- Etudiant(string n, int a) est un constructeur qui initialise nom et age lors de la création de l'objet.

Sortie :

```
Nom : Alice, Âge : 20
```

Résumé : Classes et Objets en C++

Concept	Description
Classe	Modèle ou plan pour créer des objets avec des attributs et des méthodes
Objet	Instance d'une classe, possédant ses propres valeurs pour les attributs
public	Membres accessibles depuis l'extérieur
private	Membres accessibles uniquement dans la classe
Constructeur	Méthode spéciale appelée lors de la création d'un objet, utilisée pour initialiser des valeurs
Destructeur	Méthode appelée lors de la destruction d'un objet, libérant des ressources

En C++, les classes et objets sont des concepts essentiels de la programmation orientée objet. Ils permettent de modéliser des entités en combinant des attributs et des méthodes, ce qui rend le code plus modulaire, maintenable, et structuré.

Constructeurs et Destructeurs en C++ : Initialisation des Objets et Libération des Ressources

En C++, les **constructeurs** et **destructeurs** sont des fonctions spéciales associées aux classes. Ils jouent un rôle crucial dans la **gestion du cycle de vie** des objets, en assurant leur bonne initialisation et libération.

1. Constructeurs

Un **constructeur** est une fonction spéciale qui est appelée automatiquement lors de la création d'un objet. Son rôle principal est d'**initialiser les attributs** de l'objet et de préparer l'objet pour son utilisation.

Caractéristiques des Constructeurs :

- Ils ont le même nom que la classe.

- Ils n'ont pas de type de retour, même pas `void`.
- Ils peuvent accepter des paramètres pour permettre une initialisation personnalisée.
- Si aucun constructeur n'est défini, le compilateur génère un **constructeur par défaut** (sans paramètres).

a) Constructeur par Défaut

Un **constructeur par défaut** est un constructeur sans paramètres. Il est appelé automatiquement si aucun autre constructeur n'est fourni.

Exemple de Constructeur par Défaut :

```
#include <iostream>
using namespace std;

class Etudiant {
public:
    string nom;
    int age;

    // Constructeur par défaut
    Etudiant() {
        nom = "Inconnu";
        age = 0;
    }

    void afficherInfos() {
        cout << "Nom : " << nom << ", Âge : " << age << endl;
    }
};

int main() {
    Etudiant etudiant1; // Appel du constructeur par défaut
    etudiant1.afficherInfos();

    return 0;
}
```

Dans cet exemple :

- Le constructeur Etudiant() initialise nom à "Inconnu" et age à 0.
- Lorsque etudiant1 est créé, le constructeur par défaut est appelé.

Sortie :

```
Nom : Inconnu, Âge : 0
```

b) Constructeur Paramétré

Un **constructeur paramétré** permet de créer un objet avec des valeurs spécifiques, fournies en tant qu'arguments lors de la création de l'objet.

Exemple de Constructeur Paramétré :

```
#include <iostream>
```

```cpp
using namespace std;

class Etudiant {
public:
    string nom;
    int age;

    // Constructeur paramétré
    Etudiant(string n, int a) {
        nom = n;
        age = a;
    }

    void afficherInfos() {
        cout << "Nom : " << nom << ", Âge : " << age << endl;
    }
};

int main() {
    Etudiant etudiant1("Alice", 20); // Appel du constructeur paramétré
    etudiant1.afficherInfos();

    return 0;
}
```

Dans cet exemple :

- Etudiant(string n, int a) est un constructeur qui prend nom et age comme paramètres.
- Lorsqu'on crée etudiant1, les valeurs "Alice" et 20 sont passées pour initialiser nom et age.

Sortie :

Nom : Alice, Âge : 20

c) Liste d'Initialisation des Membres

Une **liste d'initialisation des membres** peut être utilisée dans un constructeur pour initialiser les attributs de manière plus efficace. Elle est particulièrement utile pour les **constantes** et les **références**.

Exemple de Liste d'Initialisation :

```cpp
class Etudiant {
public:
    string nom;
    int age;

    // Constructeur avec liste d'initialisation
    Etudiant(string n, int a) : nom(n), age(a) {}

    void afficherInfos() {
        cout << "Nom : " << nom << ", Âge : " << age << endl;
    }
};
```

Dans cet exemple :

- : nom(n), age(a) est une liste d'initialisation, qui initialise nom et age avant d'exécuter le corps du constructeur.

2. Destructeurs

Un **destructeur** est une fonction spéciale qui est appelée automatiquement lorsque l'objet est détruit (par exemple, lorsque l'objet sort de la portée ou lorsque delete est utilisé pour un objet alloué dynamiquement). Le destructeur est utilisé pour **libérer des ressources** (comme la mémoire ou les fichiers ouverts).

Caractéristiques des Destructeurs :

- Ils ont le même nom que la classe, précédé d'un tilde `~`.
- Ils n'ont pas de paramètres ni de type de retour.
- Un destructeur ne peut pas être surchargé.

Exemple de Destructeur :

```
#include <iostream>
using namespace std;

class Ressource {
public:
    // Constructeur
    Ressource() {
        cout << "Ressource allouée." << endl;
    }

    // Destructeur
    ~Ressource() {
        cout << "Ressource libérée." << endl;
    }
};

int main() {
    {
        Ressource res; // Création d'un objet res
    } // res est détruit en sortant du bloc, appelant le destructeur

    cout << "Fin du programme." << endl;
    return 0;
}
```

Dans cet exemple :
- Le constructeur affiche un message lorsque res est créé.
- Le destructeur affiche un message lorsque res est détruit, ce qui se produit en quittant le bloc { ... } où res est défini.

Sortie :

```
Ressource allouée.
Ressource libérée.
Fin du programme.
```

3. Constructeurs et Destructeurs avec Allocation Dynamique

Les constructeurs sont souvent utilisés pour **allouer de la mémoire dynamiquement** (par exemple avec new), et les destructeurs pour libérer cette mémoire (avec delete).

Exemple avec Allocation Dynamique :

```
#include <iostream>
using namespace std;

class Tableau {
private:
    int* donnees;
    int taille;

public:
    // Constructeur
    Tableau(int t) : taille(t) {
        donnees = new int[taille]; // Allocation dynamique
        cout << "Tableau de taille " << taille << " alloué." << endl;
    }

    // Destructeur
    ~Tableau() {
        delete[] donnees; // Libération de la mémoire
        cout << "Tableau libéré." << endl;
    }

    void remplir() {
        for (int i = 0; i < taille; i++) {
            donnees[i] = i + 1;
        }
    }

    void afficher() {
        for (int i = 0; i < taille; i++) {
            cout << donnees[i] << " ";
        }
        cout << endl;
    }
};

int main() {
    Tableau tab(5);
    tab.remplir();
    tab.afficher();

    return 0; // Le destructeur est automatiquement appelé ici
}
```

Dans cet exemple :

- Le constructeur Tableau(int t) alloue dynamiquement de la mémoire pour un tableau de int de taille t.

- Le destructeur ~Tableau() libère cette mémoire avec delete[] lorsque l'objet tab est détruit.

Sortie :

```
Tableau de taille 5 alloué.
1 2 3 4 5
Tableau libéré.
```

Résumé : Constructeurs et Destructeurs en C++

Concept	Description
Constructeur	Méthode spéciale pour initialiser un objet, appelée automatiquement lors de la création
Constructeur par défaut	Constructeur sans paramètres, généré automatiquement si aucun autre constructeur n'est défini
Constructeur paramétré	Permet d'initialiser un objet avec des valeurs spécifiques fournies en tant qu'arguments
Destructeur	Méthode spéciale appelée automatiquement lors de la destruction d'un objet, libère des ressources
Liste d'initialisation	Initialisation des attributs avant l'exécution du corps du constructeur

Les constructeurs et destructeurs sont des outils essentiels pour gérer les ressources et l'initialisation des objets en C++. Ils permettent d'automatiser des actions critiques comme l'allocation et la libération de mémoire, rendant le code plus sécurisé et plus facile à maintenir.

Encapsulation et Accès aux Données en C++ : Utilisation des Modificateurs d'Accès `public`, `private`, et `protected`

L'encapsulation est l'un des principes fondamentaux de la programmation orientée objet (POO). Elle consiste à regrouper les données (attributs) et les méthodes (fonctions) qui agissent sur ces données dans une même classe, tout en restreignant l'accès direct aux données pour protéger leur intégrité. En C++, cela est réalisé à l'aide des modificateurs d'accès `public`, `private`, et `protected`.

Modificateurs d'Accès

Les modificateurs d'accès déterminent la visibilité des membres (attributs et méthodes) d'une classe :
- `public` : Les membres `public` sont accessibles depuis n'importe où dans le programme.

- `private` : Les membres `private` ne sont accessibles qu'au sein de la classe où ils sont définis.
- `protected` : Les membres `protected` sont accessibles au sein de la classe et des classes dérivées (héritage).

Exemple de Base : Utilisation de `public`, `private`, et `protected`

Considérons une classe simple qui montre l'utilisation de ces modificateurs.

Code Exemple :

```
#include <iostream>
using namespace std;

class Exemple {
public:
    int publicVar; // Accessible depuis l'extérieur de la classe

private:
    int privateVar; // Accessible uniquement à l'intérieur de la classe

protected:
    int protectedVar; // Accessible dans la classe et ses dérivées

public:
    // Méthode publique pour initialiser privateVar
    void setPrivateVar(int valeur) {
        privateVar = valeur;
    }

    // Méthode publique pour afficher privateVar
    void afficherPrivateVar() {
        cout << "privateVar : " << privateVar << endl;
    }
};

int main() {
    Exemple obj;

    obj.publicVar = 10; // Accessible directement
    // obj.privateVar = 20; // Erreur : privateVar est privé
    obj.setPrivateVar(20); // Utilisation de la méthode publique pour modifier
privateVar
    obj.afficherPrivateVar();

    return 0;
}
```

Explication :

- `publicVar` peut être directement modifié et lu en dehors de la classe.
- `privateVar` ne peut pas être accédé directement en dehors de la classe. Seules les méthodes de la classe peuvent y accéder.

- `protectedVar` n'est pas utilisé dans cet exemple, mais il est accessible aux classes dérivées (utile pour l'héritage).
Sortie :
privateVar : 20

Utilité de l'Encapsulation

L'encapsulation offre plusieurs avantages :
- Protection des données : Les attributs `private` et `protected` empêchent les modifications non autorisées, garantissant que les données sont manipulées de manière contrôlée.
- Modularité : L'encapsulation rend le code plus modulaire et facile à maintenir, car les détails internes d'une classe sont cachés.
- Flexibilité : Les méthodes publiques permettent de contrôler comment les données sont accédées et modifiées (exemple : validation des entrées).

Accesseurs et Mutateurs (Getters et Setters)

Pour accéder aux membres `private` ou `protected`, des méthodes d'accès (getters) et des méthodes de modification (setters) sont utilisées.

Exemple d'Accesseurs et de Mutateurs :

```
#include <iostream>
using namespace std;

class Personne {
private:
    string nom;
    int age;

public:
    // Setter pour nom
    void setNom(string n) {
        nom = n;
    }

    // Getter pour nom
    string getNom() {
        return nom;
    }

    // Setter pour age
    void setAge(int a) {
        if (a >= 0) { // Vérification de l'âge
            age = a;
        } else {
            cout << "Âge invalide." << endl;
        }
    }

    // Getter pour age
    int getAge() {
```

```
        return age;
    }
};

int main() {
    Personne p;
    p.setNom("Alice");
    p.setAge(25);

    cout << "Nom : " << p.getNom() << ", Âge : " << p.getAge() << endl;

    return 0;
}
```

Explication :

- `setNom` et `setAge` sont des mutateurs qui modifient `nom` et `age`. `setAge` inclut une validation.
- `getNom` et `getAge` sont des accesseurs qui retournent les valeurs des attributs.
Sortie :
Nom : Alice, Âge : 25

Modificateur `protected` et Héritage

Le modificateur `protected` est utilisé pour permettre aux classes dérivées d'accéder aux membres sans les exposer publiquement.
Exemple avec `protected` :

```
#include <iostream>
using namespace std;

class Base {
protected:
    int valeurProtegee;

public:
    void setValeur(int v) {
        valeurProtegee = v;
    }
};

class Derivee : public Base {
public:
    void afficherValeur() {
        cout << "Valeur protégée : " << valeurProtegee << endl;
    }
};

int main() {
    Derivee obj;
    obj.setValeur(50);
    obj.afficherValeur();

    return 0;
}
```

Explication :

- `valeurProtegee` est accessible dans la classe dérivée `Derivee` grâce au modificateur `protected`.
Sortie :
Valeur protégée : 50

Résumé des Modificateurs d'Accès

Modificateur	Description	Accès depuis l'extérieur	Accès depuis la classe dérivée
public	Les membres sont accessibles depuis n'importe où	Oui	Oui
private	Les membres sont accessibles uniquement dans la classe où ils sont définis	Non	Non
protected	Les membres sont accessibles dans la classe et les classes dérivées	Non	Oui

L'encapsulation permet de protéger les données et d'assurer une manipulation sécurisée via des méthodes publiques, tout en cachant les détails de l'implémentation. Les modificateurs `public`, `private`, et `protected` offrent des niveaux de contrôle flexibles sur l'accès aux attributs et méthodes d'une classe, permettant ainsi de structurer et sécuriser le code.

Héritage en C++ : Comprendre et Utiliser l'Héritage Simple, le Polymorphisme et la Surcharge des Méthodes

Héritage Simple

L'héritage simple signifie qu'une classe dérivée hérite d'une seule classe de base. La classe dérivée hérite des attributs et méthodes `public` et `protected` de la classe de base, mais pas de ses membres `private`.

Syntaxe de l'Héritage :

```
class ClasseBase {
public:
    void methodeBase() {
        cout << "Méthode de la classe de base" << endl;
    }
};

class ClasseDerivee : public ClasseBase {
public:
    void methodeDerivee() {
        cout << "Méthode de la classe dérivée" << endl;
    }
};
```

Exemple de Code

```
#include <iostream>
using namespace std;

class Animal {
public:
    void manger() {
        cout << "L'animal mange" << endl;
    }
};

class Chien : public Animal {
public:
    void aboyer() {
        cout << "Le chien aboie" << endl;
    }
};

int main() {
    Chien monChien;
    monChien.manger(); // Appel de la méthode héritée de Animal
    monChien.aboyer(); // Appel de la méthode propre à Chien

    return 0;
}
```

Explication :
- La classe `Chien` hérite de la classe `Animal` avec le mot-clé `: public`.
- `monChien` peut utiliser la méthode `manger()` héritée de `Animal` ainsi que sa propre méthode `aboyer()`.

L'animal mange
Le chien aboie

Polymorphisme

Le polymorphisme permet à une méthode de se comporter différemment selon la classe qui l'appelle. En C++, cela est souvent réalisé avec des méthodes virtuelles et l'héritage.

```
#include <iostream>
using namespace std;

class Animal {
public:
    virtual void faireDuBruit() { // Méthode virtuelle
        cout << "L'animal fait du bruit" << endl;
    }
};

class Chien : public Animal {
public:
    void faireDuBruit() override { // Redéfinition de la méthode
        cout << "Le chien aboie" << endl;
    }
};

class Chat : public Animal {
public:
    void faireDuBruit() override { // Redéfinition de la méthode
        cout << "Le chat miaule" << endl;
    }
};

int main() {
    Animal* animal1 = new Chien();
    Animal* animal2 = new Chat();

    animal1->faireDuBruit(); // Appel de la méthode redéfinie de Chien
    animal2->faireDuBruit(); // Appel de la méthode redéfinie de Chat

    delete animal1;
    delete animal2;

    return 0;
}
```

Sortie :

Le chien aboie
Le chat miaule

Surcharge des Méthodes

La surcharge des méthodes (ou surchargement) consiste à créer plusieurs versions d'une méthode dans la même classe ou dans des classes dérivées, mais avec des signatures différentes (nombre ou types de paramètres).

```cpp
#include <iostream>
using namespace std;

class Calculatrice {
public:
    int addition(int a, int b) {
        return a + b;
    }

    double addition(double a, double b) {
        return a + b;
    }

    int addition(int a, int b, int c) {
        return a + b + c;
    }
};

int main() {
    Calculatrice calc;
    cout << "Addition de 2 et 3 : " << calc.addition(2, 3) << endl;
    cout << "Addition de 2.5 et 3.5 : " << calc.addition(2.5, 3.5) << endl;
    cout << "Addition de 1, 2 et 3 : " << calc.addition(1, 2, 3) << endl;

    return 0;
}
```

Explication :

- La classe Calculatrice contient plusieurs versions de la méthode addition() avec des paramètres différents.
- La bonne version est appelée selon les arguments fournis.

Sortie :

Addition de 2 et 3 : 5
Addition de 2.5 et 3.5 : 6
Addition de 1, 2 et 3 : 6

Héritage Protégé et Privé

En plus de l'héritage public (: public), il est possible d'hériter en mode **protégé** (: protected) ou **privé** (: private). Cela modifie l'accessibilité des membres de la classe de base dans la classe dérivée.

- **Héritage protégé (: protected)** : Les membres public et protected de la classe de base deviennent protected dans la classe dérivée.
- **Héritage privé (: private)** : Les membres public et protected de la classe de base deviennent private dans la classe dérivée.

Exemple d'Héritage Protégé

```
class Base {
protected:
    int valeur;
};

class Derivee : protected Base {
public:
    void setValeur(int v) {
        valeur = v; // Accessible car protégé dans Base
    }
};
```

Résumé de l'Héritage et du Polymorphisme

Concept	Description
Héritage simple	Permet à une classe de dériver d'une seule classe de base et d'hériter de ses membres
Polymorphisme	Permet à une méthode d'avoir un comportement différent selon la classe qui l'implémente
Méthode virtuelle	Méthode déclarée dans une classe de base pour permettre sa redéfinition dans les classes dérivées
Surcharge	Plusieurs méthodes dans la même classe ayant le même nom mais des signatures différentes
Héritage protégé/privé	Modifie l'accessibilité des membres de la classe de base dans la classe dérivée

Exercices Pratiques : Créer une Application de Gestion Simple avec des Classes Utilisant l'Héritage

Objectif de l'Exercice

Créer un programme qui :
- Modélise des documents généraux (livres, magazines) avec des classes.
- Utilise l'héritage pour spécialiser des types de documents.
- Utilise le polymorphisme pour afficher les détails de chaque type de document.

Structure de Base de l'Application

Nous allons créer les classes suivantes :

- **Document** : Classe de base avec des attributs communs comme le titre et l'auteur.
- **Livre** : Classe dérivée de `Document`, ajoutant des attributs spécifiques comme le nombre de pages.
- **Magazine** : Classe dérivée de `Document`, ajoutant des attributs spécifiques comme le numéro de parution.

Implémentation des Classes

Classe de Base Document :

```
#include <iostream>
#include <string>
using namespace std;

class Document {
protected:
    string titre;
    string auteur;

public:
    Document(string t, string a) : titre(t), auteur(a) {}

    // Méthode virtuelle pour afficher les détails
    virtual void afficherDetails() const {
        cout << "Titre : " << titre << endl;
        cout << "Auteur : " << auteur << endl;
    }

    virtual ~Document() {} // Destructeur virtuel
};
```

Classe Dérivée Livre :

```
class Livre : public Document {
private:
    int nombrePages;

public:
    Livre(string t, string a, int n) : Document(t, a), nombrePages(n) {}

    void afficherDetails() const override {
        Document::afficherDetails(); // Appel de la méthode de la classe de base
        cout << "Nombre de pages : " << nombrePages << endl;
    }
};
```

Classe Dérivée Magazine:

```
class Magazine : public Document {
private:
    int numeroParution;

public:
    Magazine(string t, string a, int num) : Document(t, a), numeroParution(num) {}

    void afficherDetails() const override {
        Document::afficherDetails(); // Appel de la méthode de la classe de base
        cout << "Numéro de parution : " << numeroParution << endl;
    }
};
```

Implémentation de la Fonction Principale

Dans la fonction **main**, nous allons créer des objets **Livre** et **Magazine**, les stocker dans un tableau de pointeurs à des objets `Document`, et utiliser le polymorphisme pour afficher les détails.

Exemple de Code Complet :

```cpp
int main() {
    // Création de documents sous forme de pointeurs à la classe de base
    Document* documents[3];
    documents[0] = new Livre("Les Misérables", "Victor Hugo", 1232);
    documents[1] = new Magazine("National Geographic", "Divers", 210);
    documents[2] = new Livre("1984", "George Orwell", 328);

    // Affichage des détails de chaque document
    for (int i = 0; i < 3; i++) {
        documents[i]->afficherDetails();
        cout << "-------------------------" << endl;
    }

    // Libération de la mémoire
    for (int i = 0; i < 3; i++) {
        delete documents[i];
    }

    return 0;
}
```

Explication :
- Les objets **Livre** et **Magazine** sont créés dynamiquement et stockés dans un tableau de pointeurs à `Document`.
- La méthode afficherDetails() est appelée de manière polymorphique, affichant les détails spécifiques à chaque type de document.
- La mémoire allouée est libérée à la fin du programme avec delete.

Sortie (exemple) :

Titre : Les Misérables
Auteur : Victor Hugo
Nombre de pages : 1232

Titre : National Geographic
Auteur : Divers
Numéro de parution : 210

Titre : 1984
Auteur : George Orwell
Nombre de pages : 328

Extension de l'Exercice

Pour enrichir l'application, vous pouvez :
- Ajouter une **classe dérivée** RevueScientifique avec des attributs spécifiques comme le **facteur d'impact**.
- Implémenter des **méthodes supplémentaires** pour effectuer des recherches ou filtrer des documents par type.
- Ajouter des **méthodes de saisie** pour permettre à l'utilisateur de créer des objets Livre ou Magazine de manière interactive.

Exemple d'Extension : Classe RevueScientifique:

```cpp
class RevueScientifique : public Document {
private:
    double facteurImpact;

public:
    RevueScientifique(string t, string a, double impact) : Document(t, a),
facteurImpact(impact) {}

    void afficherDetails() const override {
        Document::afficherDetails();
        cout << "Facteur d'impact : " << facteurImpact << endl;
    }
};
```

Résumé des Concepts Utilisés

Concept	Description
Héritage	Permet à une classe de dériver d'une classe de base et de réutiliser son code
Polymorphisme	Permet d'utiliser des méthodes redéfinies dans des classes dérivées
Méthodes virtuelles	Utilisées pour assurer le comportement polymorphique
Destructeurs virtuels	Garantissent que les destructeurs des classes dérivées sont appelés

Cet exercice met en pratique l'héritage, le polymorphisme et la surcharge des méthodes en C++, et montre comment structurer une application simple mais extensible en utilisant des concepts de la POO.

QCM : Programmation Orientée Objet (POO) en C++

Introduction

Ce questionnaire à choix multiples (QCM) évalue vos connaissances sur la Programmation Orientée Objet (POO) en C++. Il couvre des concepts tels que les classes et objets, les constructeurs, l'encapsulation, l'héritage et le polymorphisme.

Le QCM est divisé en trois niveaux :

- **Niveau 1 : Débutant** - Concepts fondamentaux comme les classes et les objets
- **Niveau 2 : Intermédiaire** - Constructeurs, destructeurs et encapsulation
- **Niveau 3 : Avancé** - Héritage, polymorphisme et concepts avancés

Niveau 1 : Débutant

1. Quel mot-clé est utilisé pour définir une classe en C++ ?
   - ☐ a) `class`
   - ☐ b) `struct`
   - ☐ c) `object`
   - ☐ d) `public`
2. Comment déclare-t-on un objet d'une classe appelée `Personne` ?
   - ☐ a) `Personne objet;`
   - ☐ b) `class Personne objet;`
   - ☐ c) `object Personne;`
   - ☐ d) `Personne = new objet;`
3. Quelle est la sortie du code suivant ?

```
class Test {
public:
    void afficher() {
        cout << "Bonjour";
    }
};
Test t;
t.afficher();
```

- ☐ a) Bonjour
- ☐ b) Erreur
- ☐ c) Rien

☐ d) Test

4. Que signifie le mot-clé `public` dans une classe ?
   - ☐ a) Accessible uniquement dans la classe
   - ☐ b) Accessible partout dans le programme
   - ☐ c) Accessible uniquement par les classes dérivées
   - ☐ d) Non accessible
5. Quel est l'objectif principal d'une classe ?
   - ☐ a) Regrouper des fonctions
   - ☐ b) Créer des objets
   - ☐ c) Encapsuler données et méthodes
   - ☐ d) Définir des variables globales
6. Comment accède-t-on aux membres d'un objet ?
   - ☐ a) Avec l'opérateur point (.)
   - ☐ b) Avec l'opérateur flèche (->)
   - ☐ c) Avec l'opérateur double deux-points (::)
   - ☐ d) Avec l'opérateur astérisque (*)
7. Que représente le mot-clé `this` dans une classe ?
   - ☐ a) Un pointeur vers l'objet courant
   - ☐ b) Une référence à la classe
   - ☐ c) Un pointeur vers la classe parente
   - ☐ d) Une référence à un objet statique
8. Quelle est la différence entre `struct` et `class` en C++ ?
   - ☐ a) Les membres sont publics par défaut dans struct
   - ☐ b) struct ne peut pas avoir de méthodes
   - ☐ c) class ne peut pas avoir d'héritage
   - ☐ d) Aucune différence
9. Comment définit-on une méthode constante dans une classe ?
   - ☐ a) En ajoutant `const` après la déclaration
   - ☐ b) En ajoutant `const` avant le type de retour
   - ☐ c) En ajoutant `static` avant la méthode
   - ☐ d) En rendant tous les paramètres constants
10. Que sont les membres statiques d'une classe ?
    - ☐ a) Partagés par toutes les instances
    - ☐ b) Accessibles uniquement dans le constructeur
    - ☐ c) Créés à chaque instanciation
    - ☐ d) Utilisés uniquement avec l'héritage

Niveau 2 : Intermédiaire

11. Quelle est la particularité d'un constructeur de copie ?

    ☐ a) Il crée une copie exacte d'un objet

    ☐ b) Il initialise un objet vide

    ☐ c) Il détruit un objet

    ☐ d) Il modifie un objet existant

12. Comment définit-on un opérateur de surcharge ?

```
class Complex {
public:
    Complex operator+(const Complex& c);
};
```

```
- [ ] a) Comme une méthode de classe
- [ ] b) Comme une fonction globale
- [ ] c) Comme un constructeur
- [ ] d) Comme un membre statique
```

13. Que fait le mot-clé `explicit` ?

    ☐ a) Empêche les conversions implicites

    ☐ b) Rend la classe abstraite

    ☐ c) Force l'héritage public

    ☐ d) Interdit la surcharge d'opérateurs

14. Quel est le rôle de l'opérateur d'affectation (=) ?

    ☐ a) Copier un objet dans un autre

    ☐ b) Créer un nouvel objet

    ☐ c) Comparer deux objets

    ☐ d) Détruire un objet

15. Comment déclare-t-on une classe amie ?

    ☐ a) Avec le mot-clé `friend`

    ☐ b) Avec le mot-clé `friendly`

    ☐ c) Avec le mot-clé `extern`

    ☐ d) Avec le mot-clé `allied`

16. Que permet l'encapsulation ?

    ☐ a) Protéger les données et contrôler leur accès

    ☐ b) Accélérer l'exécution du programme

    ☐ c) Réduire la taille des objets

    ☐ d) Faciliter l'héritage multiple

17. Comment fonctionne un constructeur de déplacement ?

    ☐ a) Transfère les ressources d'un objet à un autre

- ☐ b) Copie les ressources
- ☐ c) Détruit les ressources
- ☐ d) Partage les ressources

18. Que fait une classe abstraite ?
    - ☐ a) Contient au moins une méthode virtuelle pure
    - ☐ b) Ne peut pas avoir de constructeur
    - ☐ c) Doit être déclarée static
    - ☐ d) Ne peut pas avoir de membres privés
19. Quel est l'intérêt des méthodes const ?
    - ☐ a) Garantir qu'elles ne modifient pas l'objet
    - ☐ b) Améliorer les performances
    - ☐ c) Permettre l'héritage
    - ☐ d) Faciliter la surcharge
20. Comment fonctionne la résolution de portée ?
    - ☐ a) Détermine quelle version d'une méthode utiliser
    - ☐ b) Définit l'ordre de construction
    - ☐ c) Gère les exceptions
    - ☐ d) Optimise la mémoire

Niveau 3 : Avancé

21. Comment fonctionne l'héritage virtuel ?
    - ☐ a) Évite la duplication des classes de base
    - ☐ b) Crée des copies des classes parentes
    - ☐ c) Empêche l'héritage multiple
    - ☐ d) Rend toutes les méthodes virtuelles
22. Qu'est-ce que le polymorphisme dynamique ?
    - ☐ a) Sélection de méthode à l'exécution
    - ☐ b) Surcharge d'opérateurs
    - ☐ c) Héritage multiple
    - ☐ d) Templates de classe
23. Comment fonctionne RAII ?
    - ☐ a) Gestion des ressources liée au cycle de vie
    - ☐ b) Optimisation de la mémoire
    - ☐ c) Gestion des exceptions
    - ☐ d) Allocation dynamique

24. Que sont les templates de classe ?

☐ a) Classes génériques paramétrées par type

☐ b) Classes abstraites

☐ c) Classes statiques

☐ d) Classes finales

25. Comment fonctionne le pattern Singleton ?

☐ a) Garantit une instance unique

☐ b) Permet multiple héritage

☐ c) Optimise la mémoire

☐ d) Gère les exceptions

26. Qu'est-ce que le design pattern Observer ?

☐ a) Notification automatique des changements

☐ b) Gestion de la mémoire

☐ c) Contrôle d'accès

☐ d) Optimisation du code

27. Comment fonctionne la covariance des types de retour ?

☐ a) Retour plus spécifique dans la classe dérivée

☐ b) Conversion implicite des types

☐ c) Surcharge des opérateurs

☐ d) Héritage multiple

28. Que permet la métaprogrammation template ?

☐ a) Calculs à la compilation

☐ b) Optimisation à l'exécution

☐ c) Gestion de la mémoire

☐ d) Contrôle des accès

29. Comment fonctionne le concept CRTP ?

☐ a) Polymorphisme statique via template

☐ b) Héritage dynamique

☐ c) Gestion des exceptions

☐ d) Allocation mémoire

30. Qu'est-ce que le pattern Factory Method ?

☐ a) Création d'objets via interface

☐ b) Gestion de la mémoire

☐ c) Contrôle d'accès

☐ d) Optimisation du code

Conclusion

Ce QCM couvre un large éventail de concepts de la POO en C++, des bases aux patterns de conception avancés. Il permet d'évaluer votre compréhension des principes fondamentaux et des techniques avancées de la programmation orientée objet.

Corrigé détaillé du QCM - Programmation Orientée Objet en C++

Niveau 1 : Débutant

Question 1 : Définition de classe

✓ **Réponse correcte : a) class** - Le mot-clé `class` définit une nouvelle classe en C++ - Exemple :

```
class MaClasse {
    // Membres et méthodes
};
```

- Différent de `struct` qui a les membres publics par défaut

Question 2 : Instanciation d'objet

✓ **Réponse correcte : a) Personne objet;** - Crée un objet sur la pile (stack) - Le constructeur par défaut est appelé

```
Personne p1;              // Sur la pile
Personne* p2 = new Personne();  // Sur le tas
```

Question 3 : Appel de méthode

✓ **Réponse correcte : a) Bonjour**

```
class Test {
public:
    void afficher() { cout << "Bonjour"; }
};
```

- La méthode est publique donc accessible
- L'appel `t.afficher()` exécute la méthode
- L'affichage est effectué sur la sortie standard

Question 4 : Modificateur public

✓ **Réponse correcte : b) Accessible partout dans le programme** - Les membres publics sont : - Accessibles depuis n'importe où - Partie de l'interface publique de la classe - Utilisables par tout code client

Question 5 : Objectif d'une classe

✓ **Réponse correcte : c) Encapsuler données et méthodes** - L'encapsulation permet de : - Regrouper les données liées - Protéger l'accès aux données - Fournir une interface cohérente

Question 6 : Opérateur d'accès

✓ **Réponse correcte : a) Avec l'opérateur point (.)** - Utilisé pour les objets directs - Pour les pointeurs, on utilise ->

```
Personne p;
p.nom = "Dupont";      // Opérateur point
Personne* ptr = &p;
ptr->nom = "Martin";    // Opérateur flèche
```

Question 7 : Pointeur this

✓ **Réponse correcte : a) Un pointeur vers l'objet courant** - `this` permet de : - Référencer l'objet courant - Distinguer les paramètres des membres - Retourner l'objet lui-même

```
class Exemple {
    int x;
public:
    void setX(int x) {
        this->x = x;  // Distingue le membre du paramètre
    }
};
```

Question 8 : struct vs class

✓ **Réponse correcte : a) Les membres sont publics par défaut dans struct** - Différences principales : - struct : membres publics par défaut - class : membres privés par défaut - Sinon fonctionnellement identiques

Question 9 : Méthodes const

✓ Réponse correcte : a) En ajoutant const après la déclaration

```
class Exemple {
public:
    int getValue() const {  // Méthode const
        return value;
    }
private:
    int value;
};
```

- Garantit que la méthode ne modifie pas l'objet
- Peut être appelée sur des objets const

Question 10 : Membres statiques

✓ Réponse correcte : a) Partagés par toutes les instances - Caractéristiques : - Une seule copie en mémoire - Partagée entre toutes les instances - Accessible sans instance

```
class Compteur {
    static int count;  // Membre statique
public:
    static int getCount() {
        return count;
    }
};
```

Niveau 2 : Intermédiaire

Question 11 : Constructeur de copie

✓ Réponse correcte : a) Il crée une copie exacte d'un objet

```
class Exemple {
public:
    Exemple(const Exemple& autre) {  // Constructeur de copie
        // Copie profonde des membres
    }
};
```

- Utilisé pour :
    - Créer une nouvelle instance à partir d'une existante
    - Copier profondément les ressources
    - Éviter les problèmes de double destruction

Question 12 : Surcharge d'opérateurs

✓ **Réponse correcte : a) Comme une méthode de classe** - La surcharge peut être : - Méthode membre - Fonction amie - Fonction globale

```
class Complex {
public:
    Complex operator+(const Complex& c) {
        return Complex(real + c.real, imag + c.imag);
    }
private:
    double real, imag;
};
```

Question 13 : Mot-clé explicit

✓ **Réponse correcte : a) Empêche les conversions implicites**

```
class Nombre {
public:
    explicit Nombre(int n) : val(n) {}  // Pas de conversion implicite
private:
    int val;
};
```

- Évite les conversions automatiques non désirées
- Rend le code plus sûr et plus clair

Question 14 : Opérateur d'affectation

✓ **Réponse correcte : a) Copier un objet dans un autre**

```
class Exemple {
public:
    Exemple& operator=(const Exemple& autre) {
        if (this != &autre) {
            // Copie profonde
        }
        return *this;
    }
};
```

- Gère la copie entre objets existants
- Doit gérer l'auto-affectation
- Retourne une référence à l'objet

Question 15 : Classes amies

✓ **Réponse correcte : a) Avec le mot-clé friend**

```
class A {
private:
    int x;
    friend class B;  // B peut accéder aux membres privés de A
};
```

- Permet l'accès aux membres privés
- Brise l'encapsulation, à utiliser avec précaution

Question 16 : Encapsulation

✓ **Réponse correcte : a) Protéger les données et contrôler leur accès** - Principes : - Cacher l'implémentation - Fournir une interface stable - Contrôler l'accès aux données

Question 17 : Constructeur de déplacement

✓ **Réponse correcte : a) Transfère les ressources d'un objet à un autre**

```
class Ressource {
public:
    Ressource(Ressource&& autre) noexcept {
        // Transfert des ressources
        autre.ptr = nullptr;  // Invalide l'ancien objet
    }
private:
    int* ptr;
};
```

Question 18 : Classe abstraite

✓ **Réponse correcte : a) Contient au moins une méthode virtuelle pure**

```
class Forme {
public:
    virtual double aire() = 0;  // Méthode virtuelle pure
};
```

- Ne peut pas être instanciée
- Sert de contrat pour les classes dérivées

Question 19 : Méthodes const

✓ **Réponse correcte : a) Garantir qu'elles ne modifient pas l'objet** - Avantages : - Sécurité du code - Documentation implicite - Utilisable sur objets const

Question 20 : Résolution de portée

✓ **Réponse correcte : a) Détermine quelle version d'une méthode utiliser**

```
class Derivee : public Base {
    void methode() {
        Base::methode();  // Appelle la version de la classe de base
    }
};
```

Niveau 3 : Avancé

Question 21 : Héritage virtuel

✓ **Réponse correcte : a) Évite la duplication des classes de base**

```
class A { /*...*/ };
class B : virtual public A { /*...*/ };
class C : virtual public A { /*...*/ };
class D : public B, public C { /*...*/ };
```

- Résout le problème du diamant
- Une seule copie de la classe de base

Question 22 : Polymorphisme dynamique

✓ **Réponse correcte : a) Sélection de méthode à l'exécution**

```
class Base {
public:
    virtual void methode() = 0;
};

Base* ptr = new Derivee();
ptr->methode();  // Appelle la version de Derivee
```

Question 23 : RAII

✓ Réponse correcte : a) Gestion des ressources liée au cycle de vie

```
class GestionRessource {
    Ressource* ptr;
public:
    GestionRessource() : ptr(new Ressource()) {}
    ~GestionRessource() { delete ptr; }
};
```

- Acquisition à la construction
- Libération à la destruction
- Exception-safe

Question 24 : Templates de classe

✓ Réponse correcte : a) Classes génériques paramétrées par type

```
template<typename T>
class Conteneur {
    T donnee;
public:
    void setDonnee(const T& val) { donnee = val; }
};
```

Question 25 : Pattern Singleton

✓ Réponse correcte : a) Garantit une instance unique

```
class Singleton {
public:
    static Singleton& getInstance() {
        static Singleton instance;
        return instance;
    }
private:
    Singleton() = default;
};
```

Question 26 : Pattern Observer

✓ Réponse correcte : a) Notification automatique des changements

```
class Observer {
public:
    virtual void update() = 0;
```

```
};

class Subject {
    vector<Observer*> observers;
public:
    void notify() {
        for(auto obs : observers) obs->update();
    }
};
```

Question 27 : Covariance des types de retour

✓ Réponse correcte : a) Retour plus spécifique dans la classe dérivée

```
class Base {
public:
    virtual Base* clone() = 0;
};

class Derivee : public Base {
public:
    Derivee* clone() override {  // Type de retour plus spécifique
        return new Derivee(*this);
    }
};
```

Question 28 : Métaprogrammation template

✓ Réponse correcte : a) Calculs à la compilation

```
template<int N>
struct Factorial {
    static const int value = N * Factorial<N-1>::value;
};

template<>
struct Factorial<0> {
    static const int value = 1;
};
```

Question 29 : CRTP

✓ Réponse correcte : a) Polymorphisme statique via template

```
template<class Derived>
class Base {
public:
    void interface() {
        static_cast<Derived*>(this)->implementation();
```

```
    }
};
```

Question 30 : Factory Method

✓ Réponse correcte : a) Création d'objets via interface

```
class Creator {
public:
    virtual Product* createProduct() = 0;
};

class ConcreteCreator : public Creator {
public:
    Product* createProduct() override {
        return new ConcreteProduct();
    }
};
```

Conclusion

Ce corrigé détaillé couvre l'ensemble des concepts de la POO en C++, des bases jusqu'aux patterns de conception avancés. Pour maîtriser ces concepts : - Pratiquer régulièrement - Implémenter les patterns de conception - Comprendre les cas d'utilisation - Étudier le code source de projets existants

Glossaire - Programmation Orientée Objet en C++

Concepts Fondamentaux

Classe et Objet

Classe

- Modèle définissant structure et comportement
- Regroupe données et méthodes
- Exemple :

```
class Personne {
private:
 string nom;
 int age;
public:
 void afficher() { cout << nom << ", " << age; }
};
```

Objet

- Instance concrète d'une classe
- Allocation mémoire réelle
- Exemple :

```
Personne p1;          // Objet sur la pile
Personne* p2 = new Personne();  // Objet sur le tas
```

Membres et Accès

Membres

- **Variables membres** (attributs)
- **Fonctions membres** (méthodes)
- **Membres statiques** (partagés)

```
class Exemple {
private:
 int donnee;            // Variable membre
 static int compteur;   // Membre statique
public:
 void methode() { }     // Fonction membre
};
```

Modificateurs d'Accès

- **public** : Accessible partout
- **private** : Classe uniquement

- **protected** : Classe et dérivées

Construction et Destruction

Constructeurs

Constructeur par Défaut

```
class Point {
public:
    Point() : x(0), y(0) { } // Initialisation liste
private:
    int x, y;
};
```

Constructeur Paramétré

```
class Point {
public:
    Point(int x, int y) : x(x), y(y) { }
    Point(const Point& p) : x(p.x), y(p.y) { } // Copie
private:
    int x, y;
};
```

Constructeur de Déplacement (C++11)

```
class Ressource {
public:
    Ressource(Ressource&& autre) noexcept {
        donnees = autre.donnees;
        autre.donnees = nullptr;
    }
private:
    int* donnees;
};
```

Destructeur

```
class Ressource {
public:
    ~Ressource() {
        delete[] donnees; // Libération mémoire
    }
private:
    int* donnees;
};
```

Héritage et Polymorphisme

Héritage

Types d'Héritage

- **public** : Interface publique conservée
- **protected** : Interface devient protégée
- **private** : Interface devient privée

```
class Animal {
protected:
        string nom;
public:
        virtual void faireSon() = 0;
};
class Chat : public Animal {
public:
        void faireSon() override { cout << "Miaou"; }
};
```

Héritage Multiple

```
class Hybride : public ClasseA, public ClasseB {
public:
    // Résout les conflits potentiels
    void methode() { ClasseA::methode(); }
};
```

Polymorphisme

Polymorphisme Statique

- Surcharge de fonctions
- Templates

```
class Calculateur {
public:
 int add(int a, int b) { return a + b; }
 double add(double a, double b) { return a + b; }
};
```

Polymorphisme Dynamique

- Méthodes virtuelles
- Liaison tardive

```
class Forme {
```

```cpp
public:
    virtual double aire() const = 0;
};
class Cercle : public Forme {
public:
     double aire() const override {
    return 3.14159 * rayon * rayon;
    }
private:
    double rayon;
};
```

Concepts Avancés

Encapsulation

Getters et Setters

```cpp
class Compte {
private:
    double solde;
public:
    double getSolde() const { return solde; }
    void setSolde(double montant) {
        if (montant >= 0) solde = montant;
    }
};
```

Classes Amies

```cpp
class A {
private:
    int secret;
    friend class B;  // B peut accéder aux membres privés de A
};
```

Abstraction

Classes Abstraites

```cpp
class Interface {
public:
    virtual void methode1() = 0;  // Méthode pure
    virtual ~Interface() = default;
};
```

Interfaces

```cpp
class IDessinable {
public:
    virtual void dessiner() = 0;
    virtual void effacer() = 0;
    virtual ~IDessinable() = default;
};
```

Design Patterns

Singleton

```
class Singleton {
public:
    static Singleton& getInstance() {
        static Singleton instance;
        return instance;
    }
private:
    Singleton() = default;
};
```

Factory

```
class FabriqueFormes {
public:
    static unique_ptr<Forme> creerForme(string type) {
        if (type == "cercle") return make_unique<Cercle>();
        if (type == "carre") return make_unique<Carre>();
        return nullptr;
    }
};
```

Bonnes Pratiques

RAII (Resource Acquisition Is Initialization)

```
class GestionRessource {
private:
    Ressource* ptr;
public:
    GestionRessource() : ptr(new Ressource()) { }
    ~GestionRessource() { delete ptr; }
};
```

Smart Pointers

```
unique_ptr<Ressource> ptr1(new Ressource()); // Propriété unique
shared_ptr<Ressource> ptr2 = make_shared<Ressource>(); // Partagé
weak_ptr<Ressource> ptr3 = ptr2; // Référence faible
```

Conclusion

Les concepts de POO en C++ permettent de :

- Structurer le code efficacement

- Réutiliser et maintenir le code
- Créer des abstractions puissantes
- Gérer les ressources de manière sûre

8. Gestion des Fichiers en C++ (2 heures)

Entrée/Sortie de Fichiers : Utilisation des flux de fichiers (`ifstream`, `ofstream` et `fstream`).

La gestion des fichiers en C++ repose sur les flux de fichiers (file streams) qui permettent de lire et écrire des données dans des fichiers. C++ fournit trois classes principales dans l'en-tête `<fstream>` :

Classe	Description
`ifstream`	Lecture à partir d'un fichier (input file stream).
`ofstream`	Écriture dans un fichier (output file stream).
`fstream`	Lecture et écriture dans un fichier (file stream).

1. Ouvrir et Fermer un Fichier

Avant de lire ou d'écrire des données, un fichier doit être ouvert. Une fois terminé, il doit être fermé pour libérer les ressources.

Exemple d'Ouverture et de Fermeture de Fichiers :

```
#include <iostream>
#include <fstream> // Pour les flux de fichiers
using namespace std;

int main() {
    ofstream fichierSortie("exemple.txt"); // Crée ou ouvre le fichier

    if (!fichierSortie) {
        cout << "Erreur lors de l'ouverture du fichier !" << endl;
        return 1;
    }

    fichierSortie << "Bonjour, ceci est un fichier texte !" << endl;
    fichierSortie.close();
    cout << "Fichier écrit avec succès !" << endl;
    return 0;
}
```

Explication :
- ofstream fichierSortie("exemple.txt") : Ouvre le fichier en mode écriture. Si le fichier n'existe pas, il est créé.
- fichierSortie << "Texte" : Écrit dans le fichier.
- close() : Ferme le fichier et libère les ressources.

2. Lecture depuis un Fichier avec `ifstream`

Pour lire des données d'un fichier, on utilise la classe `ifstream`.

Exemple de Lecture :

```
#include <iostream>
#include <fstream> // Pour la gestion des fichiers
#include <string>
using namespace std;

int main() {
    ifstream fichierEntree("exemple.txt"); // Ouverture en lecture

    if (!fichierEntree) {
        cout << "Erreur lors de l'ouverture du fichier !" << endl;
        return 1;
    }

    string ligne;
    cout << "Contenu du fichier : " << endl;
    while (getline(fichierEntree, ligne)) {
        cout << ligne << endl;
    }

    fichierEntree.close();
    return 0;
}
```

Explication :
- ifstream fichierEntree("exemple.txt") : Ouvre le fichier en mode lecture.
- getline(fichierEntree, ligne) : Lit une ligne à la fois dans la variable `ligne`.
- close() : Ferme le fichier.

3. Lecture et Écriture avec `fstream`

La classe `fstream` permet à la fois la lecture et l'écriture dans un fichier. Cela est utile pour des opérations complexes nécessitant un accès bidirectionnel.

Exemple avec fstream :

```
#include <iostream>
#include <fstream>
#include <string>
using namespace std;

int main() {
    fstream fichier("data.txt", ios::in | ios::out | ios::app); // Lecture et écriture

    if (!fichier) {
        cout << "Erreur lors de l'ouverture du fichier !" << endl;
        return 1;
    }

    // Écriture dans le fichier
    fichier << "Nouvelle ligne ajoutée." << endl;

    // Remet le curseur au début du fichier
    fichier.seekg(0);

    // Lecture du fichier
    cout << "Contenu du fichier :" << endl;
    string ligne;
    while (getline(fichier, ligne)) {
        cout << ligne << endl;
    }

    fichier.close();
    return 0;
}
```

Explication :

- ios::in | ios::out | ios::app : Ouvre le fichier en mode lecture, écriture et ajout (append).
- seekg(0) : Ramène le curseur au début du fichier pour lire après avoir écrit.

Sortie :

Contenu du fichier :

Nouvelle ligne ajoutée.

4. Modes d'Ouverture de Fichiers

Mode	Description
ios::in	Ouvre le fichier en lecture.
ios::out	Ouvre le fichier en écriture. Efface le contenu existant si le fichier existe.
ios::app	Ouvre le fichier en mode ajout. Les nouvelles données sont ajoutées à la fin.
ios::trunc	Tronque le fichier (supprime le contenu existant).
ios::binary	Ouvre le fichier en mode binaire (pour les fichiers non texte).

5. Exemple Complet : Application de Gestion des Étudiants

Créer un fichier pour stocker les informations des étudiants et permettre d'ajouter et d'afficher leurs données.

```
#include <iostream>
#include <fstream>
#include <string>
using namespace std;

// Ajouter un étudiant
void ajouterEtudiant() {
    ofstream fichier("etudiants.txt", ios::app);
    string nom;
    int age;

    cout << "Entrez le nom : ";
    cin >> nom;
    cout << "Entrez l'âge : ";
    cin >> age;

    fichier << nom << " " << age << endl;
    fichier.close();
    cout << "Étudiant ajouté avec succès !" << endl;
}

// Afficher les étudiants
void afficherEtudiants() {
    ifstream fichier("etudiants.txt");
    string nom;
    int age;

    cout << "Liste des étudiants :" << endl;
    while (fichier >> nom >> age) {
        cout << "Nom : " << nom << ", Âge : " << age << endl;
    }

    fichier.close();
}

int main() {
    int choix;

    do {
        cout << "\nMenu :\n";
        cout << "1. Ajouter un étudiant\n";
        cout << "2. Afficher les étudiants\n";
        cout << "3. Quitter\n";
        cout << "Choix : ";
        cin >> choix;

        switch (choix) {
        case 1:
            ajouterEtudiant();
            break;
        case 2:
            afficherEtudiants();
            break;
        case 3:
            cout << "Au revoir !" << endl;
            break;
        default:
            cout << "Choix invalide !" << endl;
        }
    } while (choix != 3);

    return 0;
```

}

Fonctionnalités

1. Ajouter un étudiant : Écrit un nom et un âge dans un fichier texte.
2. Afficher les étudiants : Lit et affiche toutes les entrées du fichier.

Sortie Exemple

Menu :
1. Ajouter un étudiant
2. Afficher les étudiants
3. Quitter

Choix : 1
Entrez le nom : Alice
Entrez l'âge : 20
Étudiant ajouté avec succès !

Menu :
1. Ajouter un étudiant
2. Afficher les étudiants
3. Quitter

Choix : 2
Liste des étudiants :
Nom : Alice, Âge : 20

Résumé

Classe	Description
ifstream	Lecture depuis un fichier.
ofstream	Écriture dans un fichier.
fstream	Lecture et écriture dans un fichier.
close()	Ferme un fichier pour libérer les ressources.
getline()	Lit une ligne complète depuis un fichier.
seekg()	Déplace le curseur de lecture à une position donnée.

Cette introduction pratique vous permet de manipuler des fichiers pour la gestion de données persistantes en C++. Vous pouvez maintenant étendre ces exemples en ajoutant des fonctionnalités comme la suppression ou la modification d'enregistrements.

Lecture et Écriture dans des Fichiers en C++ : Créer, Lire et Modifier des Fichiers Texte

La gestion des fichiers en C++ permet d'enregistrer, de lire et de modifier des données stockées de manière persistante. Nous utilisons les classes **ifstream**, **ofstream** et **fstream** pour effectuer ces opérations.

1. Création et Écriture dans un Fichier Texte

Pour créer un fichier ou écrire dans un fichier existant, on utilise la classe **ofstream** (sortie) ou **fstream** en mode écriture.

Exemple : Créer et Écrire dans un Fichier Texte

```
#include <iostream>
#include <fstream>
using namespace std;

int main() {
    ofstream fichier("donnees.txt"); // Ouvre ou crée un fichier en écriture

    if (!fichier) { // Vérifie si l'ouverture a échoué
        cout << "Erreur lors de l'ouverture du fichier !" << endl;
        return 1;
    }

    fichier << "Nom: Alice\n"; // Écrit dans le fichier
    fichier << "Âge: 25\n";
    fichier << "Ville: Paris\n";

    cout << "Données écrites dans le fichier avec succès !" << endl;

    fichier.close(); // Ferme le fichier
    return 0;
}
```

Explication : - **ofstream fichier("donnees.txt")** : Crée ou ouvre le fichier "donnees.txt" en mode écriture. - **<<** : Utilisé pour écrire des lignes dans le fichier. - **close()** : Ferme le fichier et enregistre les modifications.

Sortie dans le fichier "donnees.txt" :

```
Nom: Alice
Âge: 25
Ville: Paris
```

---

2. Lecture des Données depuis un Fichier Texte

Pour lire des données stockées dans un fichier texte, on utilise la classe **`ifstream`** (entrée).

Exemple : Lecture d'un Fichier Texte

```
#include <iostream>
#include <fstream>
#include <string>
using namespace std;

int main() {
    ifstream fichier("donnees.txt"); // Ouvre le fichier en lecture

    if (!fichier) { // Vérifie si l'ouverture a échoué
        cout << "Erreur lors de l'ouverture du fichier !" << endl;
        return 1;
    }

    string ligne;
    cout << "Contenu du fichier :" << endl;

    while (getline(fichier, ligne)) { // Lire ligne par ligne
        cout << ligne << endl;
    }

    fichier.close(); // Ferme le fichier
    return 0;
}
```

Explication : - **`ifstream fichier("donnees.txt")`** : Ouvre le fichier en mode lecture. - **`getline()`** : Lit une ligne complète du fichier dans la variable `ligne`. - **`close()`** : Ferme le fichier.

Sortie sur la console :

```
Contenu du fichier :
Nom: Alice
Âge: 25
Ville: Paris
```

3. Modifier un Fichier Texte

Pour modifier un fichier, deux approches sont possibles : 1. **Réécrire tout le fichier** : Lire le fichier, effectuer les modifications en mémoire, puis réécrire toutes les données. 2. **Ajouter des données à la fin** : Utiliser le mode **`ios::app`** pour ajouter du contenu sans écraser les données existantes.

Exemple 1 : Ajouter des Données à un Fichier (Append)

```
#include <iostream>
#include <fstream>
using namespace std;

int main() {
    ofstream fichier("donnees.txt", ios::app); // Ouverture en mode ajout (append)

    if (!fichier) {
        cout << "Erreur lors de l'ouverture du fichier !" << endl;
        return 1;
    }

    fichier << "Profession: Ingénieur\n"; // Ajout de données

    cout << "Données ajoutées avec succès !" << endl;

    fichier.close();
    return 0;
}
```

Sortie dans "donnees.txt" après exécution :

```
Nom: Alice
Âge: 25
Ville: Paris
Profession: Ingénieur
```

Exemple 2 : Modifier un Fichier Existant

Pour modifier une ligne spécifique dans un fichier, il faut : 1. Lire les données existantes dans un tableau ou une liste. 2. Modifier les données en mémoire. 3. Réécrire tout le contenu dans le fichier.

Exemple : Mise à Jour d'une Donnée Spécifique

```
#include <iostream>
#include <fstream>
#include <vector>
#include <string>
using namespace std;

int main() {
    // Lecture du fichier existant
    ifstream fichierLecture("donnees.txt");
    vector<string> lignes;

    if (!fichierLecture) {
        cout << "Erreur lors de l'ouverture du fichier !" << endl;
        return 1;
    }

    string ligne;
    while (getline(fichierLecture, ligne)) {
```

```cpp
        lignes.push_back(ligne); // Stocker chaque ligne dans un tableau
    }
    fichierLecture.close();

    // Modification des données en mémoire
    for (string& ligne : lignes) {
        if (ligne.find("Âge") != string::npos) { // Recherche de la ligne contenant "Âge"
            ligne = "Âge: 30"; // Mise à jour de l'âge
        }
    }

    // Réécriture du fichier
    ofstream fichierEcriture("donnees.txt"); // Ouverture en écriture
    for (const string& ligne : lignes) {
        fichierEcriture << ligne << endl;
    }
    fichierEcriture.close();

    cout << "Données mises à jour avec succès !" << endl;

    return 0;
}
```

Explication : - **Lecture des données** : Charge toutes les lignes dans un tableau pour modification. - **Modification** : Cherche la ligne contenant “Âge” et met à jour la valeur. - **Réécriture** : Réécrit toutes les lignes dans le fichier.

Sortie dans “donnees.txt” après modification :

```
Nom: Alice
Âge: 30
Ville: Paris
Profession: Ingénieur
```

4. Supprimer une Ligne Spécifique

Pour supprimer une ligne, on suit une approche similaire à celle de la modification : - Charger toutes les lignes dans un tableau. - Exclure la ligne à supprimer. - Réécrire les données dans le fichier.

Exemple : Suppression d’une Ligne

```cpp
#include <iostream>
#include <fstream>
#include <vector>
#include <string>
using namespace std;

int main() {
    ifstream fichierLecture("donnees.txt");
    vector<string> lignes;

    if (!fichierLecture) {
        cout << "Erreur lors de l'ouverture du fichier !" << endl;
        return 1;
    }
```

```
    string ligne;
    while (getline(fichierLecture, ligne)) {
        if (ligne.find("Ville") == string::npos) { // Exclure la ligne contenant "Ville"
            lignes.push_back(ligne);
        }
    }
    fichierLecture.close();

    // Réécriture du fichier sans la ligne supprimée
    ofstream fichierEcriture("donnees.txt");
    for (const string& ligne : lignes) {
        fichierEcriture << ligne << endl;
    }
    fichierEcriture.close();

    cout << "Ligne supprimée avec succès !" << endl;

    return 0;
}
```

Sortie dans “donnees.txt” après suppression :

```
Nom: Alice
Âge: 30
Profession: Ingénieur
```

Résumé

Opération	Classe/Mode d’Ouverture
Créer et écrire un fichier	`ofstream fichier("nom.txt")`
Lire un fichier	`ifstream fichier("nom.txt")`
Lire et écrire dans un fichier	`fstream fichier("nom.txt", ios::in | ios::out)`
Ajouter des données à la fin	`ofstream fichier("nom.txt", ios::app)`
Modifier des données existantes	Lire → Modifier en mémoire → Réécrire tout le fichier

Cette section montre comment créer, lire, écrire, ajouter et modifier des données dans des fichiers texte en C++. Ces techniques sont essentielles pour manipuler des fichiers dans des applications de gestion ou de traitement de données.

Fichiers Binaires et Textes en C++ : Différences et Cas d’Utilisation

En C++, les fichiers peuvent être manipulés sous deux formats principaux : **texte** et **binaire**. Chaque format a ses avantages et ses cas d’utilisation spécifiques en fonction des besoins de stockage, de vitesse de traitement et de structure des données.

1. Fichiers Textes

Définition

Un **fichier texte** stocke les données sous forme de caractères lisibles par un humain (ASCII ou Unicode). Il peut être ouvert et modifié avec un éditeur de texte comme Notepad, Visual Studio Code, etc.

Caractéristiques

- Les données sont enregistrées sous forme de texte lisible (exemple : "123" pour un nombre entier)
- Chaque ligne est séparée par un caractère de saut de ligne (\n)
- Utilise les classes **`ifstream`** et **`ofstream`** avec des opérations classiques d'entrée/sortie
- Facile à déboguer car les données sont lisibles directement

Exemple d'Écriture et de Lecture dans un Fichier Texte

```
#include <iostream>
#include <fstream>
#include <string>
using namespace std;

int main() {
    // Écriture dans un fichier texte
    ofstream fichierSortie("texte.txt");
    fichierSortie << "Nom: Alice\n";
    fichierSortie << "Age: 25\n";
    fichierSortie.close();

    // Lecture d'un fichier texte
    ifstream fichierEntree("texte.txt");
    string ligne;
    cout << "Contenu du fichier texte : " << endl;
    while (getline(fichierEntree, ligne)) {
        cout << ligne << endl;
    }
    fichierEntree.close();

    return 0;
}
```

Sortie dans le fichier `texte.txt` :

```
Nom: Alice
Age: 25
```

Sortie sur la console :

```
Contenu du fichier texte :
Nom: Alice
Age: 25
```

Cas d'Utilisation des Fichiers Textes

- Stockage de données simples comme des journaux, des rapports ou des fichiers de configuration
- Applications nécessitant une **interopérabilité** avec d'autres logiciels (CSV, JSON)
- Projets où la **lisibilité humaine** des données est nécessaire

2. Fichiers Binaires

Définition

Un **fichier binaire** stocke les données dans un format non lisible par un humain (binaire brut). Il utilise la représentation interne des données telles qu'elles sont en mémoire.

Caractéristiques

- Plus compact et plus rapide que les fichiers textes, car il ne nécessite aucune conversion
- Nécessite un programme pour interpréter les données stockées
- Utilise la classe `fstream` avec l'option `ios::binary`
- Moins sujet aux erreurs d'arrondi et de formatage pour les données numériques

Exemple d'Écriture et de Lecture dans un Fichier Binaire

```
#include <iostream>
#include <fstream>
using namespace std;

struct Etudiant {
    char nom[50];
    int age;
    double moyenne;
};

int main() {
    // Écriture dans un fichier binaire
    ofstream fichierSortie("binaire.dat", ios::binary);
    Etudiant e1 = {"Alice", 25, 14.5};
    fichierSortie.write(reinterpret_cast<char*>(&e1), sizeof(Etudiant));
    fichierSortie.close();
```

```
    // Lecture depuis un fichier binaire
    ifstream fichierEntree("binaire.dat", ios::binary);
    Etudiant e2;
    fichierEntree.read(reinterpret_cast<char*>(&e2), sizeof(Etudiant));
    fichierEntree.close();

    cout << "Nom : " << e2.nom << ", Âge : " << e2.age << ", Moyenne : " << e2.moyenne << endl
;

    return 0;
}
```

Explication : - **Écriture** : - **`write()`** : Écrit directement les octets de la structure `Etudiant` dans le fichier - **Lecture** : - **`read()`** : Lit directement les octets et les stocke dans la structure `e2` - Les données sont écrites et lues sans conversion, ce qui est rapide et efficace

Sortie sur la console :

```
Nom : Alice, Âge : 25, Moyenne : 14.5
```

Contenu dans le fichier `binaire.dat` (non lisible directement) :

```
<données binaires non lisibles>
```

Cas d'Utilisation des Fichiers Binaires

- Stockage de **grandes quantités de données numériques** (images, vidéos, bases de données)
- Situations où la **vitesse d'accès et d'écriture** est critique
- Applications nécessitant un **format compact** (par exemple, fichiers d'index ou bases de données internes)

---

3. Différences entre Fichiers Textes et Binaires

Aspect	Fichier Texte	Fichier Binaire
Lisibilité	Lisible par un humain	Illisible directement
Taille des fichiers	Plus grand à cause des caractères ASCII	Plus compact, car stocké en binaire
Vitesse de lecture/écriture	Plus lent (conversion entre types)	Plus rapide (pas de conversion)
Précision des données	Sujet aux erreurs d'arrondi	Précision exacte, car pas de conversion
Interopérabilité	Compatible avec d'autres logiciels	Nécessite un programme spécifique
Utilisation	Rapports, journaux, configurations	Bases de données, médias, applications

4. Exemple Complet : Combinaison de Fichiers Texte et Binaires

Imaginez un programme où vous stockez les informations d'étudiants en binaire pour l'efficacité, mais générez un rapport texte pour l'affichage.

```
#include <iostream>
#include <fstream>
#include <string>
using namespace std;

struct Etudiant {
    char nom[50];
    int age;
    double moyenne;
};

int main() {
    Etudiant e1 = {"Alice", 25, 14.5};
    Etudiant e2 = {"Bob", 22, 16.0};

    // Enregistrement des étudiants en binaire
    ofstream fichierBinaire("etudiants.dat", ios::binary);
    fichierBinaire.write(reinterpret_cast<char*>(&e1), sizeof(Etudiant));
    fichierBinaire.write(reinterpret_cast<char*>(&e2), sizeof(Etudiant));
    fichierBinaire.close();

    // Lecture des étudiants en binaire et écriture dans un rapport texte
    ifstream fichierBinaireLecture("etudiants.dat", ios::binary);
    ofstream fichierRapport("rapport.txt");

    Etudiant etu;
    while (fichierBinaireLecture.read(reinterpret_cast<char*>(&etu), sizeof(Etudiant))) {
        fichierRapport << "Nom: " << etu.nom << ", Âge: " << etu.age << ", Moyenne: " << etu.m
oyenne << endl;
    }

    fichierBinaireLecture.close();
    fichierRapport.close();

    cout << "Rapport généré avec succès !" << endl;

    return 0;
}
```

Sortie dans le fichier `rapport.txt` :

```
Nom: Alice, Âge: 25, Moyenne: 14.5
Nom: Bob, Âge: 22, Moyenne: 16.0
```

Résumé

Type de Fichier	Avantages	Inconvénients
Texte	Facile à lire et modifier manuellement	Plus volumineux et plus lent en lecture/écriture
Binaire	Compact et rapide, idéal pour des données complexes	Illisible directement et nécessite un programme spécial

Choix du format :

- Utiliser **texte** pour les fichiers configurables par l'utilisateur ou les rapports

- Utiliser **binaire** pour les données structurées volumineuses ou nécessitant des accès rapides

Avec cette distinction, vous pouvez combiner les deux approches selon les besoins de votre application.

Exercices : Lecture et Écriture de Données dans des Fichiers en C++

Ces exercices mettent en pratique la manipulation des fichiers **texte** et **binaire** pour stocker, lire et modifier des données en C++. Les exercices couvrent divers scénarios d'utilisation pour renforcer la compréhension des concepts.

Exercice 1 : Gestion d'un Carnet d'Adresses (Fichier Texte)

Objectif :

Créer un programme qui permet : 1. **Ajouter** une entrée dans un carnet d'adresses. 2. **Afficher** toutes les entrées enregistrées.

Code :

```
#include <iostream>
#include <fstream>
#include <string>
using namespace std;

// Fonction pour ajouter une entrée
void ajouterContact() {
    ofstream fichier("contacts.txt", ios::app); // Mode ajout (append)

    string nom, telephone;
    cout << "Entrez le nom : ";
    cin >> nom;
    cout << "Entrez le numéro de téléphone : ";
    cin >> telephone;

    fichier << nom << " " << telephone << endl; // Écriture dans le fichier
    fichier.close();
    cout << "Contact ajouté avec succès !" << endl;
}

// Fonction pour afficher les contacts
void afficherContacts() {
    ifstream fichier("contacts.txt");
    string nom, telephone;

    cout << "\nListe des contacts :" << endl;
    while (fichier >> nom >> telephone) { // Lecture mot par mot
        cout << "Nom : " << nom << ", Téléphone : " << telephone << endl;
    }
    fichier.close();
}
```

```
int main() {
    int choix;
    do {
        cout << "\nMenu :\n";
        cout << "1. Ajouter un contact\n";
        cout << "2. Afficher les contacts\n";
        cout << "3. Quitter\n";
        cout << "Choix : ";
        cin >> choix;

        switch (choix) {
        case 1:
            ajouterContact();
            break;
        case 2:
            afficherContacts();
            break;
        case 3:
            cout << "Au revoir !" << endl;
            break;
        default:
            cout << "Choix invalide !" << endl;
        }
    } while (choix != 3);

    return 0;
}
```

Explications :

- **Ajout d'un contact** : Les informations sont ajoutées à la fin du fichier grâce au mode **`ios::app`**.
- **Affichage des contacts** : Les informations sont lues ligne par ligne et affichées.

Exemple d'Exécution :

```
Menu :
1. Ajouter un contact
2. Afficher les contacts
3. Quitter
Choix : 1
Entrez le nom : Alice
Entrez le numéro de téléphone : 123456789
Contact ajouté avec succès !

Menu :
1. Ajouter un contact
2. Afficher les contacts
3. Quitter
Choix : 2

Liste des contacts :
Nom : Alice, Téléphone : 123456789
```

Exercice 2 : Gestion des Étudiants (Fichier Binaire)

Objectif :

Créer un programme pour : 1. **Ajouter** un étudiant dans un fichier binaire. 2. **Afficher** les informations enregistrées dans le fichier.

Code :

```
#include <iostream>
#include <fstream>
using namespace std;

// Structure pour stocker les informations des étudiants
struct Etudiant {
    char nom[50];
    int age;
    double moyenne;
};

// Fonction pour ajouter un étudiant
void ajouterEtudiant() {
    ofstream fichier("etudiants.dat", ios::binary | ios::app); // Mode binaire et ajout
    Etudiant etu;

    cout << "Entrez le nom : ";
    cin >> etu.nom;
    cout << "Entrez l'âge : ";
    cin >> etu.age;
    cout << "Entrez la moyenne : ";
    cin >> etu.moyenne;

    fichier.write(reinterpret_cast<char*>(&etu), sizeof(Etudiant));
    fichier.close();
    cout << "Étudiant ajouté avec succès !" << endl;
}

// Fonction pour afficher les étudiants
void afficherEtudiants() {
    ifstream fichier("etudiants.dat", ios::binary);
    Etudiant etu;

    cout << "\nListe des étudiants :" << endl;
    while (fichier.read(reinterpret_cast<char*>(&etu), sizeof(Etudiant))) {
        cout << "Nom : " << etu.nom << ", Âge : " << etu.age << ", Moyenne : " << etu.moyenne
<< endl;
    }
    fichier.close();
}

int main() {
    int choix;
    do {
```

```
        cout << "\nMenu :\n";
        cout << "1. Ajouter un étudiant\n";
        cout << "2. Afficher les étudiants\n";
        cout << "3. Quitter\n";
        cout << "Choix : ";
        cin >> choix;

        switch (choix) {
        case 1:
            ajouterEtudiant();
            break;
        case 2:
            afficherEtudiants();
            break;
        case 3:
            cout << "Au revoir !" << endl;
            break;
        default:
            cout << "Choix invalide !" << endl;
        }
    } while (choix != 3);

    return 0;
}
```

Explications :

- **Ajout d'un étudiant** : Les données sont écrites en binaire avec **`write()`** pour préserver la structure mémoire.
- **Affichage** : Les données sont lues avec **`read()`** et affichées dans la console.

Exemple d'Exécution :

```
Menu :
1. Ajouter un étudiant
2. Afficher les étudiants
3. Quitter
Choix : 1
Entrez le nom : Alice
Entrez l'âge : 20
Entrez la moyenne : 15.5
Étudiant ajouté avec succès !

Menu :
1. Ajouter un étudiant
2. Afficher les étudiants
3. Quitter
Choix : 2

Liste des étudiants :
Nom : Alice, Âge : 20, Moyenne : 15.5
```

Exercice 3 : Modification d'une Ligne dans un Fichier Texte

Objectif :

Modifier l'âge d'un contact dans un fichier texte en utilisant la lecture et la réécriture.

Code :

```
#include <iostream>
#include <fstream>
#include <string>
#include <vector>
using namespace std;

void modifierContact() {
    ifstream fichierLecture("contacts.txt");
    vector<string> lignes;

    string nom, telephone, nomCherche;
    cout << "Entrez le nom du contact à modifier : ";
    cin >> nomCherche;

    while (fichierLecture >> nom >> telephone) {
        if (nom == nomCherche) {
            cout << "Entrez le nouveau numéro : ";
            cin >> telephone; // Mise à jour du téléphone
        }
        lignes.push_back(nom + " " + telephone);
    }
    fichierLecture.close();

    ofstream fichierEcriture("contacts.txt");
    for (const string& ligne : lignes) {
        fichierEcriture << ligne << endl;
    }
    fichierEcriture.close();
    cout << "Modification terminée !" << endl;
}

int main() {
    modifierContact();
    return 0;
}
```

Explications :

- Recherche du contact par son nom.
- Mise à jour du numéro dans la mémoire.
- Réécriture de toutes les lignes dans le fichier.

Résumé des Exercices

Fonctionnalité	Format du fichier	Classe utilisée
Gestion d'un carnet d'adresses	Texte	`ofstream` et `ifstream`
Enregistrement des étudiants	Binaire	`fstream` avec `ios::binary`
Modification d'une ligne spécifique	Texte	`ifstream` et `ofstream`

Ces exercices couvrent les concepts fondamentaux pour manipuler des fichiers en C++ et les applications peuvent être étendues pour inclure des fonctionnalités comme **recherche avancée**, **suppression**, et **tri**.

QCM : Gestion des Fichiers en C++

Introduction

Ce questionnaire à choix multiples (QCM) évalue vos connaissances sur la gestion des fichiers en C++. Il couvre les flux de fichiers, la lecture/écriture, et les différences entre fichiers binaires et textes.

Le QCM est divisé en trois niveaux :

- **Niveau 1 : Débutant** - Concepts de base sur l'ouverture, la lecture et l'écriture dans des fichiers.

- **Niveau 2 : Intermédiaire** - Gestion avancée des fichiers, modes d'ouverture et gestion des erreurs.

- **Niveau 3 : Avancé** - Manipulation des fichiers binaires et concepts avancés d'entrées/sorties.

Niveau 1 : Débutant

1. Quel en-tête est nécessaire pour gérer les fichiers en C++ ?
   - ☐ a) `<file>`
   - ☐ b) `<fstream>`
   - ☐ c) `<iostream>`
   - ☐ d) `<iomanip>`
2. Quel objet est utilisé pour lire un fichier en C++ ?
   - ☐ a) `ofstream`
   - ☐ b) `ifstream`
   - ☐ c) `fstream`
   - ☐ d) `cin`
3. Comment ouvre-t-on un fichier pour la lecture ?
   - ☐ a) `ifstream fichier("data.txt");`
   - ☐ b) `ofstream fichier("data.txt");`
   - ☐ c) `cin fichier("data.txt");`
   - ☐ d) `open fichier("data.txt");`
4. Que fait l'instruction suivante ?

```
ofstream fichier("test.txt");
```

☐ a) Ouvre un fichier en lecture

☐ b) Ouvre un fichier en écriture

☐ c) Lit les données d'un fichier

☐ d) Ferme un fichier

5. Comment vérifie-t-on si un fichier est ouvert correctement ?

    ☐ a) `fichier.good()`

    ☐ b) `fichier.is_open()`

    ☐ c) `fichier.isOpen()`

    ☐ d) `fichier.check()`

6. Comment écrit-on une chaîne dans un fichier ?

    ☐ a) `fichier.write("Bonjour");`

    ☐ b) `fichier << "Bonjour";`

    ☐ c) `fichier.output("Bonjour");`

    ☐ d) `fichier.print("Bonjour");`

7. Comment lit-on une ligne complète d'un fichier ?

    ☐ a) `fichier >> ligne;`

    ☐ b) `getline(fichier, ligne);`

    ☐ c) `fichier.readLine(ligne);`

    ☐ d) `ligne = fichier.read();`

8. Quelle méthode est utilisée pour fermer un fichier ?

    ☐ a) `fichier.close();`

    ☐ b) `fichier.stop();`

    ☐ c) `fichier.end();`

    ☐ d) `fichier.exit();`

9. Que se passe-t-il si un fichier n'existe pas lors de l'ouverture avec `ifstream` ?

    ☐ a) Le programme plante

    ☐ b) Une erreur est générée

    ☐ c) Un fichier vide est créé

    ☐ d) Rien, le programme continue

10. Comment vérifier si la fin du fichier est atteinte ?

    ☐ a) `fichier.end()`

    ☐ b) `fichier.eof()`

    ☐ c) `fichier.finished()`

    ☐ d) `fichier.isComplete()`

Niveau 2 : Intermédiaire

11. Que signifie le mode `ios::app` lors de l'ouverture d'un fichier ?

☐ a) Ajouter à la fin du fichier existant

☐ b) Créer un nouveau fichier

☐ c) Remplacer le contenu existant

☐ d) Ouvrir en lecture seule

12. Comment combiner plusieurs modes d'ouverture de fichier ?

☐ a) `fichier.open("test.txt", ios::in + ios::out);`

☐ b) `fichier.open("test.txt", ios::in && ios::out);`

☐ c) `fichier.open("test.txt", ios::in | ios::out);`

☐ d) `fichier.open("test.txt", ios::in, ios::out);`

13. Quel est le rôle de `ios::binary` ?

☐ a) Compresser le fichier

☐ b) Crypter le contenu

☐ c) Empêcher la traduction des caractères spéciaux

☐ d) Convertir le fichier en format binaire

14. Comment repositionner le curseur dans un fichier ?

```
fichier.seekg(10, ___);

- [ ] a) `ios::start`
- [ ] b) `ios::cur`
- [ ] c) `ios::pos`
- [ ] d) `ios::begin`
```

15. Que fait `ios::trunc` lors de l'ouverture d'un fichier ?

☐ a) Vérifie si le fichier existe

☐ b) Efface le contenu existant

☐ c) Tronque le fichier à une taille donnée

☐ d) Crée une copie de sauvegarde

16. Comment obtenir la position actuelle du curseur ?

☐ a) `fichier.position();`

☐ b) `fichier.tellg();`

☐ c) `fichier.current();`

☐ d) `fichier.getPosition();`

17. Quelle est la différence entre `get()` et `getline()` ?

☐ a) `get()` lit un caractère, `getline()` lit une ligne

☐ b) `get()` lit une ligne, `getline()` lit un mot

☐ c) `get()` lit un mot, `getline()` lit un caractère

☐ d) Il n'y a pas de différence

18. Comment gérer les erreurs de lecture/écriture ?

☐ a) Utiliser try/catch

- ☐ b) Vérifier les flags d'état (fail(), bad())
- ☐ c) Utiliser errno
- ☐ d) Vérifier le code de retour

19. Quel est l'intérêt de `ios::ate` ?
    - ☐ a) Ouvre le fichier et place le curseur au début
    - ☐ b) Ouvre le fichier et place le curseur à la fin
    - ☐ c) Ajoute du contenu à la fin
    - ☐ d) Vérifie la taille du fichier
20. Comment lire des données formatées d'un fichier ?
    - ☐ a) Utiliser scanf()
    - ☐ b) Utiliser l'opérateur >>
    - ☐ c) Utiliser read()
    - ☐ d) Utiliser getFormat()

Niveau 3 : Avancé

21. Comment écrire une structure dans un fichier binaire ?

```
struct Data { int x; float y; };
Data d = {10, 3.14f};
```

```
- [ ] a) `fichier.write((char*)&d, sizeof(Data));`
- [ ] b) `fichier << d;`
- [ ] c) `fichier.writeStruct(d);`
- [ ] d) `fichier.write(d);`
```

22. Quelle méthode permet de gérer les tampons de fichier ?
    - ☐ a) `fichier.flush()`
    - ☐ b) `fichier.sync()`
    - ☐ c) `fichier.clear()`
    - ☐ d) `fichier.update()`
23. Comment traiter les problèmes d'encodage dans les fichiers texte ?
    - ☐ a) Utiliser `wfstream`
    - ☐ b) Spécifier l'encodage dans l'en-tête
    - ☐ c) Utiliser `setlocale()`
    - ☐ d) Convertir manuellement l'encodage
24. Comment gérer efficacement la lecture de gros fichiers ?
    - ☐ a) Utiliser des buffers personnalisés
    - ☐ b) Lire ligne par ligne
    - ☐ c) Utiliser mmap

- ☐ d) Toutes les réponses précédentes

25. Quelle est la meilleure pratique pour la gestion des ressources fichier ?
    - ☐ a) Utiliser RAII avec des smart pointers
    - ☐ b) Fermer manuellement les fichiers
    - ☐ c) Utiliser des blocs try/finally
    - ☐ d) Laisser le système d'exploitation gérer
26. Comment gérer les fichiers temporaires en C++ ?
    - ☐ a) `tmpfile()`
    - ☐ b) `filesystem::temp_directory_path()`
    - ☐ c) Créer un nom unique avec UUID
    - ☐ d) Toutes les réponses précédentes
27. Comment implémenter un fichier journal (log) thread-safe ?
    - ☐ a) Utiliser des mutex
    - ☐ b) Utiliser des files d'attente
    - ☐ c) Utiliser des flux atomiques
    - ☐ d) Toutes les réponses précédentes
28. Comment gérer les fichiers en réseau ?
    - ☐ a) Utiliser des sockets
    - ☐ b) Utiliser des flux réseau
    - ☐ c) Utiliser des bibliothèques externes
    - ☐ d) Implémenter un protocole personnalisé
29. Comment optimiser les performances de lecture/écriture ?
    - ☐ a) Augmenter la taille du buffer
    - ☐ b) Utiliser des opérations asynchrones
    - ☐ c) Utiliser la mémoire mappée
    - ☐ d) Toutes les réponses précédentes
30. Comment garantir l'intégrité des données lors de l'écriture ?
    - ☐ a) Utiliser des sommes de contrôle
    - ☐ b) Implementer des journaux de transactions
    - ☐ c) Utiliser des verrous de fichiers
    - ☐ d) Toutes les réponses précédentes

Conclusion

Ce QCM permet d'évaluer vos connaissances sur la gestion des fichiers en C++, des concepts de base aux techniques avancées. Continuez à pratiquer pour renforcer vos compétences.

Corrigé détaillé du QCM - Gestion des Fichiers en C++

Introduction

Ce document présente les corrections détaillées du QCM sur la gestion des fichiers en C++. Pour chaque question, vous trouverez :

- La réponse correcte
- Une explication détaillée
- Des exemples de code si pertinent
- Des points d'attention particuliers

Niveau 1 : Débutant

Question 1 : En-tête nécessaire pour la gestion des fichiers

Réponse correcte : b) `<fstream>` - Explication : L'en-tête `<fstream>` contient toutes les définitions nécessaires pour manipuler les fichiers en C++ - Il définit les classes principales : - `ifstream` pour la lecture - `ofstream` pour l'écriture - `fstream` pour la lecture/écriture - Note : `<iostream>` est utilisé pour les entrées/sorties standard, pas pour les fichiers

Question 2 : Objet pour lire un fichier

Réponse correcte : b) `ifstream` - Explication : `ifstream` (input file stream) est la classe dédiée à la lecture des fichiers - Exemple d'utilisation :

```
ifstream fichier("donnees.txt");
string ligne;
while (getline(fichier, ligne)) {
    // Traitement de la ligne
}
```

Question 3 : Ouverture d'un fichier en lecture

Réponse correcte : a) `ifstream fichier("data.txt");` - Explication : Cette syntaxe crée un objet `ifstream` et ouvre le fichier en mode lecture - Points importants : - Le fichier est automatiquement fermé quand l'objet sort de la portée - Si le fichier n'existe pas, la création de l'objet échoue - Vérifiez toujours l'ouverture avec `is_open()`

Question 4 : Création d'un fichier en écriture

Réponse correcte : b) Ouvre un fichier en écriture - Explication : `ofstream fichier("test.txt");` crée un nouveau fichier ou écrase un fichier existant - Comportement : - Si le fichier existe : il est tronqué (vidé) - Si le fichier n'existe pas : il est créé - Les permissions du système de fichiers sont vérifiées

Question 5 : Vérification de l'ouverture d'un fichier

Réponse correcte : b) `fichier.is_open()` - Explication : Cette méthode est la manière standard de vérifier si un fichier est ouvert - Exemple de bonne pratique :

```
ifstream fichier("data.txt");
if (!fichier.is_open()) {
    cerr << "Erreur : Impossible d'ouvrir le fichier" << endl;
    return;
}
```

Question 6 : Écriture dans un fichier

Réponse correcte : b) `fichier << "Bonjour";` - Explication : L'opérateur << permet d'écrire des données formatées - Avantages : - Syntaxe similaire à `cout` - Gestion automatique des types de données - Possibilité de chaîner les opérations

Question 7 : Lecture d'une ligne

Réponse correcte : b) `getline(fichier, ligne);` - Explication : `getline()` lit une ligne complète jusqu'au délimiteur (par défaut '') - Caractéristiques : - Conserve les espaces - Permet de spécifier un délimiteur personnalisé - Retourne false à la fin du fichier

Question 8 : Fermeture d'un fichier

Réponse correcte : a) `fichier.close();` - Explication : `close()` ferme proprement le fichier et libère les ressources - Bonnes pratiques : - Fermer explicitement les fichiers après utilisation - Utiliser RAII quand possible - Gérer les exceptions

Question 9 : Fichier inexistant en lecture

Réponse correcte : b) Une erreur est générée - Explication : `ifstream` ne crée pas de nouveaux fichiers - Gestion des erreurs : - Vérifier `is_open()` - Utiliser les flags d'état (`good()`, `fail()`) - Gérer les exceptions si activées

Question 10 : Vérification de fin de fichier

Réponse correcte : b) `fichier.eof()` - Explication : `eof()` indique si la fin du fichier a été atteinte - Attention : - Ne pas utiliser seul dans une condition de boucle - Vérifier après une tentative de lecture - Combiner avec d'autres tests d'état

Niveau 2 : Intermédiaire

Question 11 : Mode ios::app

Réponse correcte : a) Ajouter à la fin du fichier existant - Explication : `ios::app` préserve le contenu existant et ajoute les nouvelles données à la fin - Exemple :

```
ofstream fichier("log.txt", ios::app);
fichier << "Nouvelle entrée" << endl;
```

Question 12 : Modes d'ouverture multiples

Réponse correcte : c) `fichier.open("test.txt", ios::in | ios::out);` - Explication : L'opérateur | combine plusieurs modes - Modes courants : - `ios::in` : lecture - `ios::out` : écriture - `ios::binary` : mode binaire - `ios::app` : ajout - `ios::trunc` : truncation

Question 13 : Mode binaire

Réponse correcte : c) Empêcher la traduction des caractères spéciaux - Explication : Le mode binaire désactive les conversions de caractères - Utilisations : - Fichiers non textuels - Structures de données - Préservation exacte des données

Question 14 : Positionnement du curseur

Réponse correcte : b) `ios::cur` - Explication : `seekg()` avec `ios::cur` déplace relativement à la position actuelle - Autres options : - `ios::beg` : depuis le début - `ios::end` : depuis la fin

```
fichier.seekg(10, ios::cur);  // Avance de 10 positions
fichier.seekg(-5, ios::cur);  // Recule de 5 positions
```

Question 15 : Mode trunc

Réponse correcte : b) Efface le contenu existant - Explication : `ios::trunc` vide le fichier à l'ouverture - Usage : - Création d'un nouveau fichier - Remplacement complet du contenu - Initialisation de fichiers

Question 16 : Position du curseur

Réponse correcte : b) `fichier.tellg();` - Explication : `tellg()` retourne la position actuelle dans le flux d'entrée - Utilisation : - Sauvegarder une position - Calculer des tailles - Navigation dans le fichier

Question 17 : Différence get/getline

Réponse correcte : a) `get()` lit un caractère, `getline()` lit une ligne - Explication : Différentes méthodes pour différents besoins - Caractéristiques : - `get()` : lecture caractère par caractère - `getline()` : lecture ligne par ligne - Options de délimiteurs personnalisés

Question 18 : Gestion des erreurs

Réponse correcte : b) Vérifier les flags d'état (fail(), bad()) - Explication : Les flags d'état permettent une gestion fine des erreurs - Types d'erreurs : - `fail()` : échec d'opération - `bad()` : erreur grave - `eof()` : fin de fichier - `good()` : tout va bien

Question 19 : Mode ate

Réponse correcte : b) Ouvre le fichier et place le curseur à la fin - Explication : `ios::ate` positionne initialement le curseur en fin de fichier - Différence avec `app` : - `ate` : peut repositionner le curseur - `app` : force l'écriture à la fin

Question 20 : Lecture formatée

Réponse correcte : b) Utiliser l'opérateur >> - Explication : L'opérateur >> gère automatiquement le formatage selon le type - Exemple :

```
int nombre;
string texte;
fichier >> nombre >> texte;  // Lecture formatée
```

Niveau 3 : Avancé

Question 21 : Écriture de structure en binaire

Réponse correcte : a) `fichier.write((char*)&d, sizeof(Data));` - Explication : Écriture directe de la représentation mémoire - Points d'attention : - Alignement mémoire - Portabilité des données - Gestion des types complexes

```
struct Data {
    int x;
    float y;
} d = {10, 3.14f};
ofstream fichier("data.bin", ios::binary);
fichier.write((char*)&d, sizeof(Data));
```

Question 22 : Gestion des tampons

Réponse correcte : a) `fichier.flush()` - Explication : Force l'écriture du tampon sur le disque - Utilisations : - Fichiers de log - Données critiques - Synchronisation

Question 23 : Encodage des fichiers

Réponse correcte : c) Utiliser `setlocale()` - Explication : Gestion des caractères spéciaux et encodages - Solutions : - `wfstream` pour Unicode - Bibliothèques d'encodage - Conversion explicite

Question 24 : Gestion des gros fichiers

Réponse correcte : d) Toutes les réponses précédentes - Explication : Combinaison de techniques pour l'efficacité - Stratégies : - Buffers optimisés - Lecture par blocs - Mémoire mappée - Traitement par chunks

Question 25 : Gestion des ressources

Réponse correcte : a) Utiliser RAII avec des smart pointers - Explication : RAII garantit la libération des ressources - Implémentation :

```
class FileHandler {
    std::unique_ptr<std::fstream> file;
public:
    FileHandler(const string& filename) {
        file = std::make_unique<std::fstream>(filename);
    }
    // Destructeur automatique
};
```

Question 26 : Fichiers temporaires

Réponse correcte : d) Toutes les réponses précédentes - Explication : Plusieurs approches selon le besoin - Méthodes : - API système - Bibliothèque standard - Génération de noms uniques

Question 27 : Journalisation thread-safe

Réponse correcte : d) Toutes les réponses précédentes - Explication : Sécurisation des accès concurrents - Techniques : - Mutex pour exclusion mutuelle - Files pour découplage - Opérations atomiques

Question 28 : Fichiers réseau

Réponse correcte : c) Utiliser des bibliothèques externes - Explication : Les bibliothèques spécialisées simplifient la gestion - Avantages : - API standardisée - Gestion des erreurs - Performances optimisées

Question 29 : Optimisation des performances

Réponse correcte : d) Toutes les réponses précédentes - Explication : Combinaison de techniques d'optimisation - Méthodes : - Buffers personnalisés - Opérations asynchrones - Mémoire mappée - Lecture/écriture par blocs

Question 30 : Intégrité des données

Réponse correcte : d) Toutes les réponses précédentes - Explication : Multi-couche de sécurité - Techniques : - Checksums - Journaux de transactions - Verrous de fichiers - Sauvegarde atomique

Conclusion

Ce corrigé détaillé couvre l'ensemble des concepts de gestion de fichiers en C++, des bases aux techniques avancées. Les explications et exemples fournis permettent de comprendre non seulement la réponse correcte, mais aussi le contexte et les bonnes pratiques associées à chaque concept.

Recommandations pour la pratique

- Expérimentez avec différents types de fichiers
- Testez les cas d'erreur
- Pratiquez la gestion des exceptions
- Mesurez les performances
- Documentez vos choix d'implémentation

Glossaire - Gestion des Fichiers en C++

Concepts Fondamentaux

Flux de Fichiers (File Streams)

- **Définition** : Mécanisme permettant d'effectuer des opérations d'entrée/sortie sur des fichiers
- **Types principaux** :
  - Flux d'entrée (lecture)
  - Flux de sortie (écriture)
  - Flux bidirectionnels (lecture/écriture)
- **Utilisation** : Base de toute opération sur les fichiers en C++

Classes de Flux

ifstream (Input File Stream)

- **Usage** : Lecture de fichiers
- **Exemple basique** :

```
ifstream fichier("data.txt");
if(fichier.is_open()) {
    string contenu;
    getline(fichier, contenu);
}
```

- **Cas d'utilisation** :
  - Lecture de fichiers de configuration
  - Import de données
  - Analyse de logs

ofstream (Output File Stream)

- **Usage** : Écriture dans les fichiers
- **Exemple basique** :

```
ofstream fichier("output.txt");
if(fichier.is_open()) {
    fichier << "Hello World!" << endl;
}
```

- **Cas d'utilisation** :
  - Création de logs
  - Export de données
  - Sauvegarde d'états

fstream (File Stream)

- **Usage** : Lecture et écriture combinées
- **Exemple complet** :

```
fstream fichier;
fichier.open("data.txt", ios::in | ios::out);
if(fichier.is_open()) {
    // Lecture
    string ligne;
    getline(fichier, ligne);

    // Écriture
    fichier << "Nouvelle ligne" << endl;
}
```

Modes d'Ouverture (ios)

Modes de Base

- **ios::in** : Lecture seule
- **ios::out** : Écriture seule
- **ios::app** : Ajout à la fin
- **ios::trunc** : Troncature
- **ios::binary** : Mode binaire

Combinaisons Courantes

```
// Lecture et écriture
fstream f1("fichier.txt", ios::in | ios::out);

// Ajout en mode binaire
ofstream f2("data.bin", ios::app | ios::binary);

// Lecture binaire
ifstream f3("data.bin", ios::in | ios::binary);
```

Opérations de Base

Lecture de Fichiers

getline

- **Usage** : Lecture ligne par ligne
- **Syntaxe** :

```
string ligne;
while(getline(fichier, ligne)) {
    // Traitement de la ligne
}
```

Lecture formatée

```
int nombre;
string texte;
fichier >> nombre >> texte;
```

Écriture dans les Fichiers

Écriture formatée

```
fichier << "Valeur : " << 42 << endl;
```

Écriture binaire

```
struct Data {
    int x;
    float y;
} data = {42, 3.14f};

fichier.write((char*)&data, sizeof(Data));
```

Navigation dans les Fichiers

Positionnement

tellg/tellp

- **Usage** : Obtenir la position actuelle

```
streampos position = fichier.tellg(); // En lecture
streampos position = fichier.tellp(); // En écriture
```

seekg/seekp

- **Usage** : Déplacer le curseur

```
// Début du fichier
fichier.seekg(0, ios::beg);

// Fin du fichier
fichier.seekg(0, ios::end);

// Position relative
fichier.seekg(10, ios::cur);
```

Gestion des Erreurs

Vérifications d'État

- **is_open()** : Vérification d'ouverture
- **eof()** : Fin de fichier
- **fail()** : Échec d'opération
- **good()** : État correct

Exemple de Gestion d'Erreurs

```
ifstream fichier("data.txt");
if(!fichier.is_open()) {
    cerr << "Erreur d'ouverture du fichier" << endl;
    return;
}

if(fichier.fail()) {
```

```
    cerr << "Erreur de lecture" << endl;
}
```

Bonnes Pratiques

RAII (Resource Acquisition Is Initialization)

```
class FileHandler {
private:
    fstream file;
public:
    FileHandler(const string& filename) : file(filename) {
        if(!file.is_open()) {
            throw runtime_error("Erreur d'ouverture");
        }
    }
    ~FileHandler() {
        if(file.is_open()) {
            file.close();
        }
    }
};
```

Gestion des Ressources

- Toujours fermer les fichiers après utilisation
- Utiliser des smart pointers quand approprié
- Vérifier les états après les opérations
- Gérer les exceptions

Types de Fichiers

Fichiers Texte

- Contenu lisible par l'humain
- Manipulable avec des opérateurs standards (>>, <<)
- Extensions courantes : .txt, .csv, .log

Fichiers Binaires

- Données brutes
- Nécessite read() et write()
- Utilisé pour :
    - Structures de données
    - Images
    - Données compressées

Optimisation

Bufferisation

- **flush()** : Vide le buffer

```
fichier << "Données critiques" << flush;
```

Performances

- Utiliser des buffers appropriés
- Éviter les opérations inutiles
- Optimiser la taille des lectures/écritures

Conclusion

Ce glossaire couvre les concepts essentiels de la gestion des fichiers en C++. Utilisez-le comme référence pour vos développements et continuez à explorer ces concepts en pratique.

9. Projet : Développement d'une Application en C++ (3 heures)

Guide Complet de Développement d'une Application en C++

Un guide pratique pour développer votre première application

---

1. Introduction et Prérequis

Objectifs d'Apprentissage

- Concevoir et développer une application C++ complète
- Appliquer les bonnes pratiques de programmation
- Utiliser les outils de développement professionnels
- Créer un code maintenable et documenté

Prérequis Techniques

✓ Bases de C++ (variables, boucles, conditions)
✓ POO (classes, objets, héritage)
✓ Entrées/Sorties standard
✓ Environnement de développement configuré

💡 **Auto-évaluation des Prérequis** Testez vos connaissances:

```
class Test {
    private:
        int valeur;
    public:
        Test(int v) : valeur(v) {}
        virtual void afficher() = 0;
};
```

1. Qu'est-ce qu'une classe abstraite ?
2. À quoi sert le mot-clé virtual ?
3. Que fait ce constructeur ?

2. Choix et Conception du Projet

A. Niveaux de Difficulté

Niveau Débutant (⭐)

1. **Calculatrice Simple**
   - Opérations : +, -, *, /
   - Gestion des erreurs basiques
   - Interface console
2. **Convertisseur de Températures**
   - Celsius ↔ Fahrenheit
   - Validation des entrées
   - Historique des conversions
3. **Jeu du Nombre Mystère**
   - Génération aléatoire
   - Compteur d'essais
   - Meilleurs scores

Niveau Intermédiaire (⭐⭐)

1. **Carnet d'Adresses**
   - CRUD contacts
   - Recherche
   - Sauvegarde fichier
2. **Jeu de Morpion**
   - Interface graphique console
   - IA simple
   - Statistiques parties
3. **Mini Agenda**
   - Gestion événements
   - Rappels
   - Export données

Niveau Avancé (⭐⭐⭐)

1. **Gestion de Stock**

- Base de données
- Interface utilisateur
- Rapports

2. **Calculatrice Scientifique**
   - Fonctions avancées
   - Historique
   - Graphiques
3. **Gestionnaire de Bibliothèque**
   - Système complet
   - Multi-utilisateurs
   - Statistiques

B. Analyse et Conception

Exemple : Gestion de Stock

1. Diagramme UML des Classes

```
classDiagram
    class Produit {
        -int id
        -string nom
        -double prix
        -int quantite
        +Produit(int, string, double, int)
        +getters()
        +setters()
        +toString() string
    }

    class Stock {
        -vector~Produit~ produits
        -Database db
        +ajouterProduit(Produit)
        +supprimerProduit(int)
        +modifierProduit(Produit)
        +rechercher(string) vector~Produit~
    }

    class Database {
        -string connexion
        +connect()
        +disconnect()
        +executeQuery(string)
        +getResults()
    }

    Stock --> "*" Produit
    Stock --> "1" Database
```

2. Structure de Données

```cpp
// Structure complète d'un produit
struct Produit {
    int id;
    string nom;
    string description;
    double prix;
    int quantite;
    string categorie;
    time_t dateCreation;
    time_t derniereMaj;

    // Validations
    bool estValide() const {
        return !nom.empty() &&
               prix >= 0 &&
               quantite >= 0;
    }
};

// Gestionnaire de données
class StockManager {
private:
    unordered_map<int, Produit> produits;
    Database db;
    Logger logger;

public:
    // CRUD operations
    bool ajouterProduit(const Produit& p);
    optional<Produit> getProduit(int id);
    bool modifierProduit(const Produit& p);
    bool supprimerProduit(int id);

    // Queries
    vector<Produit> rechercherParNom(const string& nom);
    vector<Produit> getProduitsByCriteria(function<bool(const Produit&)> criteria);
};
```

3. Implémentation et Développement

A. Architecture du Projet

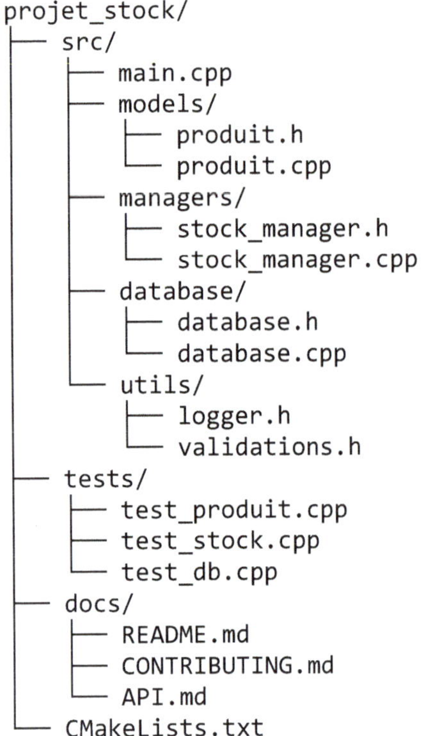

```
projet_stock/
├── src/
│   ├── main.cpp
│   ├── models/
│   │   ├── produit.h
│   │   └── produit.cpp
│   ├── managers/
│   │   ├── stock_manager.h
│   │   └── stock_manager.cpp
│   ├── database/
│   │   ├── database.h
│   │   └── database.cpp
│   └── utils/
│       ├── logger.h
│       └── validations.h
├── tests/
│   ├── test_produit.cpp
│   ├── test_stock.cpp
│   └── test_db.cpp
├── docs/
│   ├── README.md
│   ├── CONTRIBUTING.md
│   └── API.md
└── CMakeLists.txt
```

B. Implémentation Détaillée

1. Classe de Base avec Gestion d'Erreurs

```cpp
#include <stdexcept>
#include <string>
#include <memory>

class StockException : public std::runtime_error {
public:
    explicit StockException(const std::string& message)
        : std::runtime_error(message) {}
};

class Produit {
private:
    int id;
    std::string nom;
    double prix;
    int quantite;

public:
    // Smart constructor pattern
    static std::unique_ptr<Produit> creer(
```

```cpp
        int id,
        const std::string& nom,
        double prix,
        int quantite
    ) {
        if (prix < 0) {
            throw StockException("Prix invalide");
        }
        if (quantite < 0) {
            throw StockException("Quantité invalide");
        }
        return std::make_unique<Produit>(id, nom, prix, quantite);
    }

    // Getters avec validation
    double getPrix() const {
        return prix;
    }

    void modifierQuantite(int delta) {
        int nouvelle = quantite + delta;
        if (nouvelle < 0) {
            throw StockException("Stock insuffisant");
        }
        quantite = nouvelle;
    }
};
```

2. Gestionnaire de Stock avec Patterns

```cpp
// Singleton pattern
class StockManager {
private:
    static StockManager* instance;
    std::vector<std::unique_ptr<Produit>> produits;

    StockManager() = default;

public:
    static StockManager& getInstance() {
        if (!instance) {
            instance = new StockManager();
        }
        return *instance;
    }

    // Observer pattern pour les notifications
    class StockObserver {
    public:
        virtual void onStockModifie(const Produit& p) = 0;
    };

    std::vector<StockObserver*> observers;

    void addObserver(StockObserver* obs) {
        observers.push_back(obs);
    }

    void notifyObservers(const Produit& p) {
```

```
        for (auto obs : observers) {
            obs->onStockModifie(p);
        }
    }
};
```

4. Tests et Assurance Qualité

A. Tests Unitaires

```
#include <catch2/catch.hpp>

TEST_CASE("Test création produit", "[produit]") {
    SECTION("Création valide") {
        auto p = Produit::creer(1, "Test", 10.0, 5);
        REQUIRE(p != nullptr);
        REQUIRE(p->getPrix() == 10.0);
    }

    SECTION("Prix négatif") {
        REQUIRE_THROWS_AS(
            Produit::creer(1, "Test", -10.0, 5),
            StockException
        );
    }
}
```

B. Tests d'Intégration

```
TEST_CASE("Test stock manager", "[integration]") {
    auto& manager = StockManager::getInstance();

    SECTION("Ajout et recherche") {
        auto p = Produit::creer(1, "Test", 10.0, 5);
        REQUIRE(manager.ajouterProduit(std::move(p)));

        auto trouve = manager.getProduit(1);
        REQUIRE(trouve.has_value());
    }
}
```

5. Optimisation et Extensions

A. Optimisations

1. Cache pour les recherches fréquentes

```
class CacheManager {
private:
    unordered_map<int, Produit> cache;
    chrono::seconds ttl{300}; // 5 minutes

public:
    optional<Produit> get(int id) {
        auto it = cache.find(id);
        if (it != cache.end()) {
            return it->second;
        }
        return nullopt;
    }
};
```

3. Index pour la recherche

```
class SearchIndex {
private:
    unordered_multimap<string, int> index;

public:
    void indexer(const Produit& p) {
        auto mots = splitEnMots(p.getNom());
        for (const auto& mot : mots) {
            index.emplace(mot, p.getId());
        }
    }
};
```

B. Extensions

1. Export des données

```
class DataExporter {
public:
    void exporterCSV(const vector<Produit>& produits) {
        ofstream file("export.csv");
        file << "ID,Nom,Prix,Quantite\n";
        for (const auto& p : produits) {
            file << p.getId() << ","
                 << p.getNom() << ","
                 << p.getPrix() << ","
                 << p.getQuantite() << "\n";
        }
    }
};
```

2. **Statistiques**

```
class StatsManager {
public:
    struct Stats {
        double valeurTotale;
        int nombreProduits;
        vector<Produit> produitsEpuises;
    };

    Stats calculerStats() {
        // Implementation
    }
};
```

6. Ressources et Outils

A. IDEs Recommandés

- Visual Studio Code + extensions C++
- CLion (professionnel)
- Code::Blocks (débutant)

B. Outils de Build

- CMake
- Make
- Visual Studio Build Tools

C. Outils de Test

- Catch2
- Google Test
- CppUnit

D. Documentation

- Doxygen
- Markdown
- ReadTheDocs

7. FAQ et Dépannage

Erreurs Courantes

1. **Segmentation Fault**

```
// Problème
Produit* p = nullptr;
p->getPrix();  // CRASH!

// Solution
if (p != nullptr) {
    p->getPrix();
}
// Ou mieux : utiliser smart pointers
unique_ptr<Produit> p = make_unique<Produit>();
```

2. **Memory Leak**

```
// Problème
void fonction() {
    Produit* p = new Produit();
    if (condition) return;  // Fuite!
    delete p;
}

// Solution
void fonction() {
    unique_ptr<Produit> p = make_unique<Produit>();
    if (condition) return;  // Pas de fuite
}
```

Bonnes Pratiques

1. **RAII (Resource Acquisition Is Initialization)**

```
class FileHandler {
    ifstream file;
public:
    FileHandler(const string& filename) : file(filename) {
        if (!file.is_open()) {
            throw runtime_error("Impossible d'ouvrir le fichier");
        }
    }
    ~FileHandler() {
        if (file.is_open()) {
            file.close();
        }
    }
};
```

2. **Principe SOLID**

```
// Single Responsibility Principle
class Logger {
public:
```

```cpp
    virtual void log(const string& message) = 0;
};

class FileLogger : public Logger {
public:
    void log(const string& message) override {
        // Implementation
    }
};
```

Conclusion

Ce guide vous a fourni une base solide pour développer une application C++ professionnelle. N'oubliez pas que la pratique est la clé de l'apprentissage. Commencez par un petit projet et augmentez progressivement sa complexité.

Checklist Finale

- ☐ Structure du projet claire
- ☐ Tests unitaires en place
- ☐ Gestion des erreurs robuste
- ☐ Documentation complète
- ☐ Code propre et maintenable
- ☐ Performance optimisée

Bon développement !

Table des matières

www.ingramcontent.com/pod-product-compliance
Lightning Source LLC
LaVergne TN
LVHW082243150826
845677LV00009B/1511